LA SVITTE
ET LE
MARIAGE
DV CID
TRAGI-COMEDIE

QVI NAIST

HEVREVX

AINSI

A PARIS,

Chez Toussainct Qvinet, au Palais sous
la montée de la Cour des Aydes.

M. DC. XXXVIII.

A MADAME
LA
DVCHESSE
DE LORRAINE.

MADAME,

Apres qu'il c'est treuué des personnes mortes pour auoir connu seulement leurs maladies, & quelques autres qui sont tombées d'vn lieu eleué par la seule crainte qu'elles auoient de leur chutte; i'ay si peur de n'agreèr pas à vôtre ALTESSE, par l'offre que ie luy fais de cet ouurage, qu'il semble que l'effet ait des-ja suiui mon apprehension. Ie sçai bien Madame que com-

me il y a des vices ou la fuitte est meilleu-
re que la resistance, on voit aussi des vertus que le siléce exprime plus maiestueu-
sement que les paroles; & la nature a fait
sortir de sa main des beautez que toutes
les bouches de la Renomée ne peuuent
publier sans corrompre quelque chose
de leur grace. Il est Madame des perfections de vôtre ALTESSE, comme des
choses sainctes dont on ne doit approcher qu'auec vne crainte religieuse, & s'en
proposer le recit, c'est vouloir chercher
vne ocupation bien iuste, mais qui demande vne longue vie, & vn esprit aussi grand
& aussi noble que son suiet. L'illustre mai-
son dont vous estes sortie n'est pas la seule chose qui vous rend recommandable,
vos bontez font vne partie de cette estime, & toutes ses qualitez qui laissen t de la
honte à vôtre sexe, & de l'admiration au
nôtre en font l'accomplissement. I'eusse
bien souhaitté de ne vous offrir pas si peu
que ie vous offre, & ie crains que ce present qui est vne marque de mon indigen-
ce, en soit encore vne de ma temerité?

Mais i'ai forcé toutes fortes de confiderations, i'ay voulu eftre temeraire, & i'ay crû que la hôte eftoit vn crime lors qu'elle nous empefchoit d'aprocher de la vertu. Il y a certains pechez pour lefquels Dieu & les hommes n'ont point fait de chaftiment; peut-eftre Madame que celuy que ie fais eft de cette nature, & qu'en tout cas vous aurez affez de bonté pour me le pardonner quand vous fçaurés que ma paffion eft pluftoft aueugle que mon choix. Et fi vn Empereur a dit autrefois qu'aucun ne s'en deuoit retourner trifte apres auoir parlé à vn Prince : ie me tiens le plus glorieux homme du monde d'auoir parlé à vne des vertueufes Princeffes de nôtre temps, & de luy auoir fait agreer les proteftations que ie fais d'eftre eternellement,

MADAME,

De fon ALTESSE

Son tres-humble & tres-obeiffant feruiteur

Cheureau

PRIVILEGE DV ROY.

LOVIS PAR LA GRACE DE DIEV, Roy de France Et de Nauarre. A nos amez & feaux Conseillers les gens tenans nos Cours de Parlemens Maistres des Requestes ordinaires de nostre Hostel, Baillifs, Seneschaux, Preuosts, leurs Lieutenans; & à tous autres de nos Iusticiers & Officiers qu'il appartiendra, Salut. Nostre cher & bien amé TOYSSAINCT QVINET, Marchand Libraire de nostre bonne ville de Paris, nous a fait remostrer qu'il desireroit faire imprimer vne Tragicomedie intitulée, *La suitte & Le Mariage du Cid*, ce qu'il ne peut faire sás auoir sur ce nos lettres, Humblement nous requerant icelles. A ces causes, desirant trai-cter fauorablemét ledit Exposant, nous luy auons permis & permettons par ses pre-sentes de faire imprimer, vendre & debiter en tous les lieux de nostre obeyssance ledit liure, en telles marges, en tels caractères, & autant de fois que bon luy semblera, durant l'espace de dix ans entiers & accomplis, à compter du jour qu'il sera ache-ué d'imprimer pour la première fois. Et faisons tres-expresses deffenses à toutes personnes de quelque qualité & condition qu'elles soient, de l'imprimer, faire im-primer, vendre ny debiter durant ledit temps, en aucun lieu de nostre obeyssance, sans le consentement de l'Exposant, sous pretexte d'augmentation, correction, changement de tiltre, fausses marques, ou autres : en quelque sorte & maniere que ce soit : A peine de trois milliures d'amende, payables sans deport & nonob-stant oppositions ou, appellations quelconques ; par chacun des contreuenans: applicable vn tiers à Nous, vn tiers, à l'Hostel-Dieu de nostre bonne ville de Paris: & l'autre tiers audit Exposant : confiscation des exemplaires contrefaits, & de tous despens dommages & interests. A conditió qu'il sera mis deux exemplaires en blanc dudit liure en nostre Bibliothecque publique, & vn en celle de nostre tres-cher & feal, le sieur SEGVIER, Cheualier Chancelier de France, auant que de les exposer en vente, à peine de nullité des presentes: du contenu desquelles nous vous mandons que vous fassiez iouïr & vser plainement & paisiblement ledit Exposant & tous ceux qui auront droict de luy, sans qu'il leur soit donné aucun trouble ny empeschement. Voulons aussi qu'en mettant au commencement, ou à la fin dudit liure vn Extraict des presentes, elles soient tenuës pour deuëment signifiées. & que foy y soit adioustée, & aux copies collationnées par l'vn de nos amez & feaux Conseillers & Secretaires, comme à l'original Mandons au premier no-stre Huissier ou Sergent sur ce requis, de faire pour l'expedition des presentes, tous exploits necessaires, sans demander autre permission: CAR tel est nostre plai-sir. Nonobstant. Clameur de Haro, Chartres Normande, & autres Lettres à ce con-traires. DONNE à Paris le dernier iour de Iuillet l'an de grace mil six cens trente-sept. Et de nostre regne le vingt-huictiesme Par le Roy en son Conseil.

DEMONCIAVX.

Et scellé du grand sceau de cire iaune.

Acheué d'imprimer pour la première fois, le dernier Octobre 1637.

Les exemplaires ont esté fournis.

ARGVMENT
DV PREMIER
ACTE.

Odrigue obligé de partir pour combatre les Mores, dit adieu à Chimene & ressent en son ame vne tristesse si grande de ce depart, qu'il ne se console que dans l'esperance qu'il a de la treuuer constante dans son amour, & de triompher de ses ennemis. L'Infante qui par complesance auoit autre fois donné Rodrigue à Chimene, se treuue reduitte à la necessité de faire voir son cœur à Leonor sa gouuernante, & ne fait plus scrupule de luy declarer qu'elle brule pour Rodrigue; & que les considerations de sa naissance, la touchent moins que sa passion. Quelque effort que fasse Leonor pour l'en diuertir, elle se promet tout à son aduantage: & demeure dans la resolution de ne rien espargner pour son repos: Chimene apres le depart de Rodrigue combatuë des ressentimens de l'honneur & de l'amour, se treuue estonnée, & ne sçait encore si elle doit plus à la mort de son pere & à la pitié, qu'à la foy qu'elle auoit iurée à son Amant: Neantmoins par quelques douces violences qu'elle se fait, elle ne peut oublier ce dernier, & consent presque par force à poursuiure le premier dessein qu'elle auoit pour luy.

ACTEVRS.

RODRIGVE, amoureux de Chimene.

CHIMENE.

D. VRRAQVE, Infante.

LEONOR, gouuernante & confidente de l'Infante.

ELVIRE, Demoiselle de Chimene.

D. FERNAND, Roy de Castille.

D. ARIAS, Gentilhomme de Castille.

D. DIEGVE, Pere de Rodrigue.

D. SANCHE, amoureux de Chimene.

D. ALONSE, Gentil-homme de Castille.

LA SVITTE ET LE MARIAGE DV CID

ACTE PREMIER

D. RODRIGVE, CHIMENE, L'INFANTE, LEONOR, ELVIRE.

SCENE PREMIERE

D. RODRIGVE. CHIMENE.

D. RODRIGVE.

Visque le Roy le veut il y faut consentir
Ie n'y recule pas, Chimene il faut partir,
Les Mores derechef tâchent de nous
combatre,

Mais il faut emploier ces mains à les abatre,
Et montrer s'il se peut que ie suis genereux,
Et prudent à l'egal que ie suis amoureux.
Il faut suiuant l'ardeur que cét âge me donne
Dessus leur sepulture assurer la couronne,
Etoufer leur orgueil, rabatre leurs efforts,
Et qu'vn seul bras de mer engloutisse leurs corps,
C'est en vain, c'est en vain que le More s'as-
     semble,
Ou s'ils sont tous vnis, c'est qu'ils mourront en-
     semble.

CHIMENE.

Ces Hydres iustes Dieux nous affligent toûiours,
Leurs projets & mes maux ont presque vn même
     cours.
D'vne teste coupée il en renait vne autre,
Ils n'ont point de dessein que pour finir le nôtre.
Je ne sçai quel demon fait naistre leur orgueil,
Ils ne font plus de vœux que pour nôtre cercueil,
Aiiourd'hui l'insolence est iointe à leur courage,
Leur generosité va iusques à la rage,
Ils font mille projets, dont ils viennent à bout,
Et ces desésperez font des armes de tout.

D. RODRIGVE.

Ne mettez point leur mort ny la mienne en ba-
     lance,

Iugez de leur foiblesse & voyez ma vaillance;
Ne craignez point pour moi, vos cris sont su-
    perflus
Esperez seulement & ne vous plaignez plus.

CHIMENE.

Quoy vous ne voulez pas qu'auiourd'huy ie
    me plaigne,
Ah Rodrigue! sçachez qu'il faut bien que ie
    craigne,
Que ie verse des pleurs, puis que vôtre valeur
Commençant vôtre gloire a causé mon malheur;
Helas! si dans l'abord ie fus si bien deceüe,
N'ai-ie pas bien raison d'en soupçonner l'issüe?
Et si i'ay soupiré dans le commencement
Que ne ferai-ie point dedans l'euenement?
O Ciel! ce point d'honneur reuient dans ma me-
    moire
Combattant pour l'honneur vous eûtes la vi-
    ctoire,
Le méme point d'honneur mit mon père au cer-
    cueil,
Vous en eûtes la gloire & i'en porte le düeil.

D. RODRIGVE.

Esperez vn beau iour apres tant de tenebres,

Vous quitterez bien tôt tous ces habits funebres,
Perdez le souuenir de ces ressentimens
Ayez à mon suiet de meilleurs mouuemens.

CHIMENE.

Helas i'y tâché assez ! mais en vain ie l'essaye
Vous sçauiez que le sang sort encor de ma
      playe,
Que mille empéchemens combatent mon amour,
Et qu'en fin le deuoir veut regner à son tour:
Mais Rodrigue, pour vous mon amour le sur-
      monte
Et c'est pourquoy ce dueil m'en fait rougir de
      honte!
Aussi

D. RODRIGVE

Madame vn mot ! songez à cette fois
Qu'il faut pour mon repos oublier mes exploits,
Voir les extremitez ou mon ame est rangée,
Ne vous estimer pas ingratte ny vangée
Mais me voir à vos pieds, & non pas au com-
      bat,
Me traitter en amant & non pas en soldat.

CHIMENE.

Adieu Rodrigue adieu, mon pere mépouuante

Au moment que ie veux me dire ton aman-
te :
Ie sors ie n'en puis plus.

D. RODRIGVE.

Est-ce la cét adieu?
Vous changez de dessein quand vous changez
de lieu.
Non, non, consolez vous, que ces yeux pleins
de flâme
Malgré ces habits noirs qui vont troublant vô-
tre ame,
Et malgré ce deuoir qui creuse mon tombeau
Soient du moins dispensez de répandre de l'eau.

CHIMENE.

Rodrigue voulez vous que ie sois insensible
Dans vn mal aparent ou plustôt si visible ?
Que parmy les dangers où preside la mort
Ie n'apprehende pas les caprices du sort?
Ie voy mon pere mort, on surprend ma patrie,
Cependant vôtre esprit ne veut pas que ie crie;
Vous combatrez bien tôt pour defendre le Roy
Et vous ne voulez pas que ie craigne pour moi?
Laissez moi mediter sur ce malheur extréme,
Cherchez vôtre ennemi qui vous craint & vous
aime:

Vous serez assuré d'en estre le vainqueur
S'il ne resiste pas plus long-temps que mon cœur.

D. RODRIGVE.

Vit-on iamais amant traitté de cette sorte!
Dieux l'amour me retient lors que l'honneur
　　m'emporte.
Le More doit bien voir son tourment adouci,
Sentira-t'il mon cœur si ie le laisse ici?
Si mon cœur auiourd'hui fait sa plus grande
　　peine
Chimene le retient, qu'il craigne donc Chimene
Mais tout presse Rodrigue; à quoi bon discourir,
Medite les moiens de le faire mourir,
Porte pour le punir tes effroiables armes,
Va répandre à ses pieds du sang au lieu de lar-
　　mes,
Il t'a nommé son Cid pour marquer ton bon-heur,
Sois donc encor son Cid puis que Cid est sei-
　　gneur.
De leurs corps entassez, va faire des montagnes,
Fais rougir de leur sang les plus proches cam-
　　pagnes,
Qu'ils benissent viuans leur sacrificateur,
En vn mot qu'en mourans ils aiment leur vain-
　　queur.

SCENE DEVXIESME

L'INFANTE, LEONOR,

L'INFANTE.

Leonor c'est en vain que ie me veux con-
  traindre
Autrefois ie bruflai, mais ie n'ozai me plaindre,
Ou fi ie foûpirai, c'est fi fecrètement
Qu'a peine a-t'on connu mon aimable tour-
 ment,
I'auois celé mon feu, mais l'excez de ma flâ-
 me
A paru dans mes yeux auffi bien qu'en mon ame.
Cent fois i'ay fait parêtre vne feinte froideur
Pour cacher finement ma veritable ardeur,
Mais en fin le refpect auec fa tyrannie.
N'a point donné de borne à ma peine infinie.
Non, non, il n'eft plus temps de le diffimuler,

Ie crains, i'ayme, i'adore, & ie me sens bruler,
Rodrigue.

LEONOR

Ceſt aſſez, la choſe eſt manifeſte
Et ce nom seulement me fait iuger du reſte,
Mais à quoi songez vous ; penſez à vôtre rang.

L'INFANTE

Ne me propoſe point mon ſceptre ni mon ſang,
Confirme les deſſeins que ſa vertu me donne,
Ne me fais pas porter les yeux ſur la couronne,
Donne moi pour me plaire vn meilleur entretien
Car s'il ne la poſſede il la merite bien.
Son bras ferme & fidelle a ſauué ſa patrie,
Vn chacun le regarde auec idolatrie,
Ie lui dois mon ſalut, & tu ne permets pas
Que pour moi ſon merite ait de ſi doux apas.

LEONOR

Ie l'aduouë il eſt vrai ; ſes vertus ont des charmes,
Mais vous ne deuez pas en répandre des larmes.
Qu'il vous ait pour maiſtreſſe, & qu'il lui ſoit
      permis
De triompher de vous comme des ennemis,
Qu'vn excez de bonté, terniſſe vôtre gloire ?
Qu'vn ſceptre ſoit le prix d'vne telle victoire ?

Qu'il

Où il soit à l'auenir dans le nombre des Rois ?
Qu'éleué sur vn thrône il vous fasse des loix ?
Qu'il reuere les yeux de la fille du Comte ?
Qu'il fasse sa fortune en faisant vôtre honte ?
Madame vn tel éclat dont il pourroit iöüir
Le pourroit aueugler, ou du moins l'éblöüir.

L'INFANTE.

Quand il aura fini l'entreprise du More,
Je l'aimerai sans doute à l'égal qu'il m'honore,
Ie veux le receuoir en mes bras triomphant.

LEONOR.

Ne croyez pas l'amour, puis que c'est vn enfant,
Mais croyez Leonor, & s'il vous est possible
Que ses premiers exploits vous treuuent moins
  sensible,
Si ce n'est que son cœur qui vous va deceuant,
Vous pouuez l'estimer sans aller plus auant,
Donner à sa valeur d'excessiues loüanges,
Parler par fois de lui comme on parle des An-
  ges :
Mais Madame apres tout est-on forcé d'aimer,
Ce qu'on est bien soüuent obligé d'estimer ?
J'estime des bontez, dont ie hay les personnes,
Et quelquefois des Rois, dont i'aime les couronnes.

B

L'INFANTE

Lors que tu sentiras vn feu comme le mien,
Tu pourras reuerer vn cœur, comme le sien.
Tu ne peux pas sçauoir comme le sort me braue,
Tu parles comme libre, & ie parle en esclaue;
Ie ne dispose plus de mes bons sentimens,
L'amour sçait empescher mes plus sains mouue-
     mens;
Neantmoins ie souscris à mon desauantage,
Si i'ai de la raison, ie n'en ai pas l'vsage;
Mais quand bien ie l'aurois, ah ie ne voudrois
     pas
Qu'il m'empeschat d'aimer ses aimables apas.
Témoigne moins d'ardeur & moins de diligence;
Ie sçai que tu n'es pas de mon intelligence;
Que mon sang, Leonor, le respect & l'honneur
Oposent leurs conseils au cours de mon bon-heur;
Que ie descends du rang dans lequel ie suis née,
Et que ie me trahis par vn tel Hymenée;
Mais seule ie me crois, ce deuoir m'est suspect,
Et mon amour l'emporte au dessus du respect.
Ce n'est condition, ni titre qui m'irrite;
S'il n'est Roi de naissance, il l'est bien de merite,
Et s'il ne regne pas aiant tant combatu,
C'est manque de bon-heur, & non pas de vertu.

Au reste s'en est fait, quoi que tu me conseilles,
Quelque iuste raison qui frappe mes oreilles,
Et quelque dure loi qu'on me puisse imposer
Pour lui plére vne fois ie pourrai tout oser.
Mais pour des ennemis i'en ai beaucoup en
    teste,
Vn principalement empesche ma conqueste,
Il me glace les sens quand il doit m'échaufer,
Il ne combat iamés, mais il sçait triompher,
Son visage & son port me donnent de la pêne,
Il blesse de ses yeux, en vn mot c'est Chimene.

          LÉONOR.

Puisque cette Chimene est tant à redouter,
Vous ferez vôtre bien en daignant m'écouter.

         L'INFANTE.

Pour en venir à bout, il faut vn peu d'amorce,
L'adresse fera tout au defaut de la force.
I'ai beaucoup de moiens de lui donner la loi,
Puisque le desespoir s'entend auecque moi:
Les poisons & le sang, le fer, les precipices
Me rendent à la fin toutes choses propices:
En fin l'inuention m'aportera ce bien,
L'esprit agit souuent, ou la main ne peut rien.

                    B ij

LE MARIAGE

LEONOR

Pardonnez si ie dis que vôtre ame est troublée.

L'INFANTE

Ma fiebure, Leonor, est aussi redoublée,
Ce nom le plus souuant me fait fremir d'hor-
    reur,
Et change en vn moment mon amour en fureur.
Sers-moi donc, Leonor, & que ta confidence
Ne mette pas vn iour ma flame en euidence:
Si tu me veux seruir que ce soit sans regret,
Et tiens pour m'obliger ce mistere secret.
Mais premier promets-moi de te montrer fi-
    delle.
Au point que d'apreuuer vne flame si belle;
Ie ne t'oblige en rien, si tu me veux rauir
Ta seule afection t'oblige à me seruir.

LEONOR

Quoi.

L'INFANTE

    Ne propose rien, fais tout en assurance,
Et pour me donner tout, donne moy l'esperance.

LEONOR.

Je n'y recule plus, le sort en est ietté,
Madame esperez tout de ma fidélité.

L'INFANTE

Tu sçauras mon dessein, tâche donc de le suiure,
Tu peux bien m'obliger me pouuant faire viure.

SCENE TROISIESME

CHIMENE, ELVIRE.

CHIMENE

AI-je bien du sujet de me plaindre du sort,
Doi-je pas soupirer au milieu de la mort?
Eluire tu me vois, & tu connois ma peine,
Les hommes ont iuré la perte de Chimene,
Et les Dieux dans ce mal qui rend mes sens
confus,

M'aimeront ſeulement quand ie ne ſerai plus,
J'eſpere en mon Amant, mais l'ombre de mon
    pere
En s'offrant à mes yeux ne veut pas que i'eſpere,
Et preſentant ſon ſang me ſemble reprocher,
Le crime que ie fais, & que ie tiens ſi cher,
De deux extremitez mon ame eſt combatuë,
Cét Amant me fait viure, & cette ombre me
    tuë,
Les cendres de mon pere éteignent tous mes feux,
Son ſang me fait rougir, & condamne mes vœux,
Rodrigue d'autre part me témoignant ſa flâme
Vient me reſuſciter, & raſſurer mon ame,
Et me fait confeſſer dans ce douteux mal-heur
Que pechant de la ſorte il pecha par honneur,
Que dedans noſtre Hymen tout nous ſera pro-
    ſpere,
Que ſes pleurs ont payé tout le ſang de mon pere,
Que ce mal-heur preſent ne ce peut ſoulager,
Ou qu'vn bien auenir m'en doit bien tôt vanger:
Il a reçeu ma foi dans la même iournée
Qu'on deuoit celebrer vn ſi iuſte Hymenée,
Et que cét accident ſi iuſte & ſi nouueau
L'arrachant de mon lit mit mon pere au tom-
    beau.

ELVIRE.

C'est inutilement vous ofrir un remede,
Puis qu'on n'en treuue point au mal qui vous
        possede,
Les conseils, les plus forts seroient hors de saison,
Esperez moins de moi que de vôtre raison,
Vous auez témoigné quelque efort de constance,
Alors que vôtre amour fit tant de resistance,
Et qu'entre le deuoir & l'ardente amitié
Vous manquates d'vn coup de flame & de pitié.

CHIMENE.

Cette mort n'ût pas fait ma plus grâde allegeance,
I'ai souhaité ma vie en cherchant ma vengeance,
I'us peur de son trépas quand ie l'us medité,
Il apercut ma haine & ma fidelité,
Ie mis pour quelque temps l'vne & l'autre en ba-
        lance,
Et quand elle a pâché c'est à la violence,
I'excusai sa valeur quand ie la condannai,
Ie le retins pourtant quând ie l'abâdonnai,
Voiant son esperance & son ame abatuë,
Ié voulu seulement le banir de ma veuë:
Mais mô cœur, quoy qu'il fut touché de son forfait
Ne pût pas s'empescher d'en garder le portrait.

ELVIRE.

Sans doute que vos sens ont perdu leur vsage,
Banir l'original dont vous gardez l'image,
Adorer la personne & detester le bras,
Montrer de la douceur à qui n'en montra pas,
Entreprendre sa perte, & tout d'vn coup la crain-
   dre,
C'est ce qui vous aflige & ce qui me fait plaindre,

CHIMENE.

Tu rens par ce discours tous mes sens interdits,
Eluire i en ai fait bien plus que tu ne dis,
Ie demandai sa mort, i y cherchai des obstacles,
Mais ce Dieu que ie sers fait bien d'autres mi-
   racles,
Ie formai ce dessein, ie voulu l'étoufer,
Et ie voulu combatre, & non pas triompher.
Iuge par ce recit si ma douleur est vraie,
Regarde ma premiere & ma derniere plaie.

ELIVRE

Il est vrai ie vous plains, & cette afection
Est bien digne de blâme & de compassion:
Ie ne puis sans raison desauouer son crime,
Et ie n'ose auouer voftre amour legitime.

On

On ne peut condanner vôtre efet ni le sien,
Puis qu'il ne fit pas mal, & que vous faites bien,
Ne cherchant pas la mort, il viuoit dans la honte,
Et pour vanger son pere il a tué le Comte.
L'amour qui vous ioignoit parut dans vôtre sein,
Et l'honneur seulement inspira son dessein :
Si bien que balançant son droit auec le vôtre
L'honneur fit pecher l'vn, l'amour fit pecher
      l'autre,
Et dans le triste état qu'on vous treuue auiourduit,
Et l'amour & l'honneur causent tout vôtre ennui.

CHIMENE.

Du moins éforce, toy de soulager Chimene,
Puis qu'on ne treuue point de remede à sa pêne :
Tache à me consoler en me voiant perir,
Et diminuë vn mal qu'on ne peut pas guerir :
Ne te ressouuiens plus de ce mal-heur funeste,
Puis qu'il m'est trop sensible, & qu'il t'est mani-
      feste
Pour vn cruel tourment qu'on veut dissimuler,
Sçache que le meilleur est de n'en point parler.
Mais tu confesseras que Rodrigue a des charmes,
Contre qui la raison n'a pas de fortes armes,
Qu'on se defend tres-mal quand il attaque bien,
Qu'on ne voit point d'esprit qui soit semblable au
      sien,   C

Qu'il a des qualitez à tenter un barbare,
Que sa fortune est belle, & sa vertu tres-rare.

ELVIRE.

Ouï cette verité se doit bien auoüer,
Mais vous en pouuez bien parler sans le loüer.
A la Cour, en Castille, ou bien dedans l'armée ;
Laissez-en seulement parler la renommée,
Aimez-le s'il se peut tout autant que les Dieux,
Mais en le loüant moins vous ferez un peu mieux,
Ne soiez pas d'abord si facile à vous rendre,
Cachez pour quelque têps vôtre feu sous la cêdre,
Et le temps expiré l'excez de cette amour,
Qui gêne vostre esprit peut éclatter au iour.

CHIMENE

Elvire ce peut-il que mon cœur dissimulé ?
Qu'on me treuue de glace au moment que ie brûlé,
Que i'augmente par là tant de tourmens soufers ?
Et qu'on me pense libre au milieu de mes fers ?
Allons, dedans l'état malheureux où nous sommes
Ie crains les Dieux pour moi, pour Rodrigue les
hommes.
Verroi-je bien perir presque dans un moment
Mon païs, mon honneur, mon pere, & mon Amât !

Fin du premier acte.

ARGVMENT
DV SECOND
ACTE

ARIAS par la priere de Rodrigue, &
par la necessité, est contraint d'aller aduertir Dom Fernand du mal-heur où
les Mores les ont reduits ; & lui dit que
sans son assistance il est bien mal-aisé
d'esperer quelque chose à son aduantage. D. Fernand
croiant des-ja tout perdu, renuoie vn renfort, & se console dans l'esperance que lui donne D. Diegue de la fidelité, & de la valeur de Rodrigue. Comme cette nouuelle fut bien tôt épandue, l'Infante se seruit de l'ocasion, & pria Leonor de persuader à Chimene la mort
de Rodrigue, croiant par cette feinte la porter au desespoir, & s'imaginant que son dessein reüssiroit par ce
moien dans le premier qu'elle auoit fait de posseder

Rodrigue, D. Sanche cependant amoureux de Chimene, non contant d'auoir éprouué la valeur & la courtoi-
sie de Rodrigue, fait de nouueaux projets pour cette
beauté, & malgré le deuoir & toutes les ciuilitez que
lui defendoit cette amour, se propose de l'aimer encore. Chimene tremble à la veuë de Leonor, pasme à
la nouuelle de la mort de Rodrigue, & cherche tous
les moiens de mourir estant seule, n'estimant pas hon-
neste de suruiure à la perte de son pere & de son
Amant.

ACTE II

LE ROY, D. ARIAS, D. DIEGVE,
L'INFANTE, LEONOR, D. SANCHE,
CHIMENE, ELVIRE

SCENE PREMIERE

D. ARIAS, LE ROY, D. DIEGVE

D. ARIAS

IL est vrai que nos gens n'ont pas
    eu l'aduantage,
Nous auons tout perdu, si ce n'est
    le courage;
Mais puis que le passé ne peut pas
    reuenir,
Que votre Majesté donne ordre à l'aduenir.

LE ROY.

Comment donc, Arias, la bataille est perduë?
Nous faisons maintenant des desseins dans la nuë,
Les astres aujourd'hui nous sont injurieux,
Et tout nôtre secours ne dépend que des Dieux?
Qu'à d'étranges mal-heurs la fortune me range!
Que i'épreuue aujourd'huy son caprice & son
    change!
Et que les plus grands Rois comparez aux ber-
    gers
Epreuuent d'acidens, & courent de dangers!
Qu'vn sceptre est odieux à qui le sçait connêtre,
Et que qui n'est point Roy doit bien craindre de
    l'estre!
Le throne où mes sujets m'ont veu souuent monté,
A parler sainement n'est qu'vne vanité.
Les couronnes, l'honneur, les thresors, les Pro-
    uinces,
Les triomphes, la gloire, & l'ornement des Prin-
    ces ;
En vn mot ce qui peut leur donner des jaloux
N'est rien qu'vn faux éclat qui les aueugle tous;
Les Rois sont haut montez, & c'est par la possible,
Si peu qu'ils puissent choir, que leur chutte est
    horrible,
Et tu voi cependant qu'ils ont mille trauaux,

Et pour de faux plęſirs de veritables maux,
Que ceux-là ſont heureux qui ſe peuuent con-
  nètre!
Mais cent fois plus heureux ceux qui n'ont point
  eu l'eſtre.

D ARIAS

C'eſt en vain que ie fais des eſfors pour parler,
Dans vn ſi grand mal-heur peut-on vous con-
  ſoler?
Vous pouuez témoigner qu'autre-fois i'us des
  termes,
Dont le poids a rendu des eſprits aſſez fermes:
Mais dans le triſte état ou nous reduit le ſort,
Ie ne me reſous plus moy-même qu'à la mort.

LE ROY

L'vſage dés long-temps m'a fait aſſez parètre,
Qu'il faut du moins finir qu'on ne peut toûiours
  eſtre,
Et qu'en fin nôtre eſprit, quoi qu'il ſoit retenu,
Doit retourner au lieu duquel il eſt venu.
Il ſe faut conſoler: ce qui fut Alexandre,
N'eſt pas même auiourd'hui ſeulement de la cen-
  dre,
Les plus ſimples ſujets & les Rois pleins d'orgueil

Entrent également dans vn commun cercueils
La terre eſt leur ſepulchre auſſi bien que leur
   mere,
C'eſt là que nous deuons finir nôtre miſere,
Et que tant de mal-heurs auec tous leurs efors,
Seront enſeuelis auſſi bien que nos corps.
Ma raiſon cede ici, la fureur me ſurmonte :
Ie ne crains pas la mort, ie ne crains que ma
   honte,
Et i'ai peur ſeulement que la poſterité
S'çache mon infortune, & ma captiuité.
Ce n'eſt pas le premier qui s'eſt veu miſerable,
D'autres ont rencontré le ſort moins fauorable,
Et les plus ignorants dans l'hiſtoire des Rois
En ont treuué reduits à ces derniers abois.
La fortune conduit diuerſement ſa roué,
Nous y ſommes cloüez, c'eſt de nous qu'elle ioué :
Iuſtes Dieux Dom Fernand ſeroit-il bien ſoumis
A receuoir la loi de tous ſes ennemis?
Preſque dans vn moment ma gloire eſt étoufée,
Le More ſur ma perte éleue ſon trophée,
Mon tombeau lui doit eſtre vn degré pour mon-
   ter
Dans le thrône qu'il veut, & qu'il lui faut
   quitter.
Que ie me ſens confus dans l'état où nous ſommes,
                   Lui

Qui deurois-ie acuser, ou des Dieux, ou des hommes?
Mais qu'à donc faict Rodrigue.

D. ARIAS.

Apres beaucoup d'éfors,
Aiant consideré le nombre de ses morts,
Il prit ceux qui restoient, & sa rare vaillance
Mit dans tous les Esprits la vistoire en balance,
Mais nous estions si peu que chacun fut contraint
D'éuiter le danger qu'il auoit des-ia craint.
Rodrigue toutefois ne palit pas encore,
Tout impuissant qu'il est, il fait craindre le
     More,
Et si tost qu'il aura quelque petit renfort,
Il dit qu'il en attend la victoire ou la mort.

LE ROY

Ouï pour nostre salut contentons son enuie,
Ie luy deurai beaucoup si ie luy dois la vie,
Il n'a pas étoufé sa premiere vertu,
Que n'a-t'il point tenté pour mon Sceptre abatu
N'a-t'il pas releué l'éclat de ma couronne,
Et quand i'ay de l'espoir, c'est luy seul qui m'en
     donne.

D

SIRE, ie suis certain que vostre Maiesté
Pourra treuuer son bien dans sa fidelité:
Il herite de moy, ce puissant auantage,
Le Ciel en le formant luy donna mon courage,
Et pour le rendre digne, & des Dieux & du Roy,
Il falloit qu'il fut fils d'vn tel pere que moy.
Combien ai-ie pour vous remporté de victoires,
Combien ai-ie grossi de volumes d'histoires,
Et lors que ma puissance a suiui ma valeur,
Combien de fois braué la mort & le mal-heur,
Afronter les destins, & dessous les murailles
Pour le salut commun chercher mes funerailles,
Parêtre tout sanglant au milieu du combat,
Combattre dans le choc comme vn autre soldat,
Soufrir la faim, la soif, la fatigue & les veilles,
Tenter pour cét état de plus grandes merueilles,
Ie n'en parleray pas, mais vous pouuez sçauoir
Que c'est ce que i'ay fait quand i'en eus le pouuoir.
Maintenant par malheur la vigueur me delaisse,
Ie n'ay presque plus rien, n'aiant plus de ieunesse,
Sinon vn peu de sang, mais de telle façon,
Que tout ce que i'en ai n'est plus rien qu'vn glaçon;
Mais mon fils maintenant ne peut moins entre-
　　prendre,

Comme vn nouueau Phœnix il renaist de ma
    cendre,
Conneſſant ma foibleſſe, il me vient releuer,
Il pourſuit vn chemin, ie ne pû l'acheuer,
Car cét âge me rend, & ſi foible, & ſi ſombre,
Que ie ne ſuis qu'vn corps, dont la mort ſe dit
    l'ombre.

LE ROY.

Dom Diegue ie ſçai bien le nombre de vos faits,
Vôtre âge ne rend pas vos exploits imparfaits,
La Caſtille les ſçait, & moi ie les publie
A tous ceux de ma Cour, de peur qu'on les oublie,
Et Rodrigue ſur tout les fait bien retenir
A ceux qui n'ont pas droit de s'en reſſouuenir.
Mais donnons le ſecours à qui nous en demande,
Et s'il en ſçait vſer ſa fortune eſt trop grande:
Faiſons viſte ſa gloire en faiſant nôtre bien,
Qu'il mette en ſeureté ſon ſalut & le mien.
Que n'ai-je, iuſtes Dieux cette force premiere,
Le More me craindroit, il perdroit la lumiere,
Et ie ſeroy certain d'en eſtre le vainqueur,
Si mes bras eſtoient grands à l'égal de mon cœur.

D. DIEGVE.

Il eſt vrai nous auons quelque ſujet de crainte,

Mais non pas iusque au point d'en former vne
    plainte,
On cherche nos mal-heurs, vous estes comba-
    tu,
Mais la prosperité n'est pas vne vertu:
Vous pouuez aquerir ce qu'aquit Alexandre,
Et vous pouuez monter quand on vous fait des-
    cendre.

LE ROY

Considere pourtant comme le sort agit,
Nous perdons tant de sang que la terre en rougit,
La crainte de la mort rend mes sujets timides,
Et tous mes ennemis sont autant d'homicides.

D. DIEGVE

Vne semblable gloire a pour vous des apas,
Mais les aduersitez ne vous afligent pas,
Vn grand Roy comme vous que le sort importu-
    ne,
Ne change point de cœur en changeant de for-
    tune,
Auiourd'hui vôtre état n'est pas si florissant,
Mais pour le bien remettre estes-vous impuissant:
Non, Rodrigue étendra par la fin de la guerre,
Ce Roiaume & sa gloire aux deux bouts de la ter-
    re,

Songez qu'il vit encore.

LE ROY.

A ce nom seulement,
Je me tiens assuré, ie banis mon tourment,
Ne differons donc plus à lui donner de l'aide:
Rodrigue de mes maux est le dernier remede.

SCENE
DEVXIESME

L'INFANTE, LEONOR,

L'INFANTE.

CECI nous doit seruir dans ce puissant ma-
leur,
Soulagons s'il se peut une extréme douleur,
N'aiant point de sujet pour acuser Chimene,
Ne pouuant iustement l'imoler à ma haine,
Et ne rencontrant rien qui ne me soit suspect,

D iij

En ce cas le poifon fera moins qu'vn regret.
Prenons l'ocafion, & lui faifons açrbire
Que Rodrigue a perdu la moitié de fa gloire,
Qu'elle n'a pas raifon d'efperer fon retour,
Qu'on l'a pris en vn mot qu'il a perdu le iour,
Lors fes fens agiront, mais d'vne telle forte
Que le tenant pour mort, ie la croi def-ja morte:
Tu n'en peux pas douter, l'aimant parfaite-
      ment,
Ceci la portera dedans le monument.
Iuge par fon humeur, & voi par l'aparence
Que la mort auffi toft fera fon efperance,
Et que le defefpoir pour en venir à bout
Dans cette extremité lui prefentera tout.
Mais en fin, Leonor, ne fois pas infidèle,
Exerce ton efprit, portant cette nouuélle,
Ne la confole pas, bien loing de la guerir,
Inuente mille mots qui la faffent mourir:
Feins felon mon deffein, rends fon ame abatuë,
Et raconte-lui tout d'vn accent qui la tuë.

LEONOR.

I'y vais, puis qu'il vous plaift, ie fçaurai mé-
      nager
Vne femblable feinte, afin de vous vanger.

L'INFANTE.

Son Amant qui brûloit se treuuera de glace,
La voiant sans beauté, sans couleur & sans
    grace,
Dans le ressouuenir de leur ferme amitié,
Il sera sans amour, mais non pas sans pitié,
Le temps conduira tout, & sa flâme premiere
Ne pourra pas durer en manquant de ma-
    tiere.
Si bien qu'aiant perdu ce bel objet vainqueur,
Ie pourai librement disposer de son cœur,
Lors mes desseins par tout treuueront vne voie,
Tous mes sens gouteront vne parfaite ioie,
I'entretiendrai Rodrigue, & lors mille plêsirs
Succederont sans doute à mes iustes desirs.

SCENE TROISIESME.

D. SANCHE.

VAINS & foibles respects ennemis de mon
    ame,
Ne m'importunez plus d'éteindre cette flâme,
L'amour veut malgré vous que i'acheue d'agir
Dans vn dessein honteux, dont ie ne puis rougir.
Ce que vous proposez semble estre legitime,
Et ma raison s'opose à l'horreur de mon crime:
Ie sçai bien dés long-temps qu'elle a donné sa foy,
Que ie m'en vais trabir, & Rodrigue, & le Roy,
Que si le Ciel est iuste il faut que ie perisse,
Que la honte ou la mort doit estre mon suplice,
Que les plus grands malheurs ne m'abandonnent
    pas,
Et qu'ils suiuent par tout, & mon ombre, &
    mes pas,

N'importe

N'importe, il vaut bien mieux estre son homicide,
Celui qui veut la mort, du moins n'est pas timide,
Et pour cette beauté le trépas est si beau,
Qu'vn thrône à mon auis vaut moins que ce tom-
    beau :
Mais ie trahis Rodrigue, & le seul nom de traître,
Pour cette lacheté me doit faire connêtre.
Sortez, sortez pensers, c'est trop m'entretenir,
Si vous m'estes cruels, faut-il vous retenir ?
Que ie ne viue plus dedans cette contrainte,
Ce qui doit m'arriuer est bien moins que ma crain-
    te :
Il ne faut qu'vn trépas pour finir ma vigueur,
Et ie soufre auiourd huy tous les maux, dont
    i'ai peur :
Voions donc si l'amour est paié de la haine,
Il est temps d'adoucir, ou d'acrêtre ma pêne,
Rodrigue est au combat, & son éloignement
Poura bien me seruir à finir son tourment :
Peut-estre à ce sujet sera-t il tres-facile
De treuuer à Chimene vn esprit plus docile,
L'absence diminüe, vn ennui violent
Change par fois l'humeur, & rend son feu plus
    lent :
Mais ce qui d'ordinaire est offert à la veuë,
Touche sensiblement, rend l'ame plus émeuë :

E

Imprime son pouuoir auec facilité,
Et souuant dans nos cœurs graue sa qualité!
Que s'il vient à passer cette image se passe,
La raison n'en veut plus, & le temps nous l'efface.
Allons donc la treuuer dans cette ocasion,
Et que mon sang plutost preuue ma passion:
Adorable Chimene objet seul de mon ame,
Verrez-vous sans brûler la grãdeur de ma flâme,
Au moins si mon amour ne vous met en couroux,
Pluignez-moi si ie meurs, car ie mourrai pour
    vous.

SCENE
QVATRIESME

CHIMENE, LEONOR,
ELIVRE

CHIMENE.

SI ie sçauois au moins dessous quelles murailles
Mon sang honoreroit ses nobles funerailles,
Et malgré le destin pour vn sujet si beau,
A la fin nous n'aurions que le mesme tombeau.

LEONOR

Que le ſort eſt ſeuere aux plus aimables choſes,
Il met toute ſa pêne à détruire les roſes,
Et les plus rares fleurs qui naiſſent le matin,
D'ordinaire le ſoir aprochent de leur fin.
Rodrigue eſt mort de même, & l'éclat de ſa vie
Eſtoit trop peu commun pour éuiter l'enuie :
Encore eſt-ce beaucoup ayant ſi peu veſcu,
De peur qu'il vainquit tout, que la mort l'ait
      vaincu :
Vous ſçauez qu'il a fait tout ce qu'on pouuoit
      faire,
Mais pour nos ennemis ſa mort fut neceſſère,
Et le Ciel qui le ſoufre & qui l'a veu mourir
Par ce triſte moien a cru les ſecourir.

CHIMENE

Ne le repetez plus, & ſi mon mal vous touche,
Gardez-vous bien vn iour d'en ouurir vôtre bou-
      che :
Laiſſez-moi quelque temps afin de m'obliger
Dans ce funeſte êtat, tout ſert à m'afliger.

ELVIRE

Madame à quel propos.

CHIMENE

                  Obeïs-moi ſans crainte,
C'eſt me dōner beaucoup que permettre ma plain-
      te.

SCENE CINNQVIESME

CHIMENE seule.

INiuste & dure loy de mon funeste sort,
Qui tint jadis ma voix, & mon ame en con-
trainte,
Ne viens plus t'oposer dans ce dernier efort
  A la liberté de ma plainte,
Tu sçais que ie n'ay plus esperance, ni crainte,
  Et que mon aimable vainqueur
Ne vit plus ici bas sice n'est dans mon cœur.

❀

Pour mon soulagement ie plaindrai mes mal-
  heurs,
Malgré les loix d'honneur, & ses vaines chimeres,
Mais ie veux que mes yeux repandent tant de
  pleurs,

Que mes deffeins me foient profperes,
Et qu'enfin mes foûpirs ainfi que des viperes
Dans ce dernier éfet d'amour,
Me donnent le trépas pour leur donner le iour.

❦❦

Qu'efperai-ie auffi bien de la bonté des Dieux!
Rodrigue ne vit plus, & mon pere eft en terre,
Ce qui fut mon efpoir eft mort prefque à mes
  yeux,
      Et l'autre eft mort dedans la guerre,
Rodrigue eftoit mon cœur, mais le tombeau l'en-
ferre:
      Si bien qu'en ce tourment nouueau,
Je voi mon efperance, & mon cœur au tombeau.

❦❦

Au point qu'vn feu fi pur faifoit tous mes plé-
firs,
De deux forts ennemis ie me vis pourfuiuie,
Auffi toft que l'amour apreuua mes defirs,
      L'honneur étoufa mon enuie,
L'vn ma fait eftimer, l'autre a noirci ma vie,
      Et ces deux me croiant guerir,
Ne m'ont point fait encor, ni viure, ni mourir.

E iij

Juste ressentiment, & de sang, & d'amour,
Faut-il qu'en ce maleur Rodrigue m'entretienne,
Il a donné la mort à qui ie dois le iour,
  Sa perte a commencé la mienne;
Il la vient auiourd'huy d'acheuer par la sienne,
  Montrons donc iusque au monument
La pitié pour le pere, & l'amour pour l'Amant.

✺✺✺

Mes sens dans ce dessein ne sont pas égarez,
Le trépas pour ces deux est noble, ce me semble,
Et pource que la mort nous a tous separez,
  Il faut que la mort nous rassemble,
Ils sõt morts pour l'hõneur, puis que ie leur resseble,
  Portant enuie à leur bon-heur,
Ie veux aussi les suiure, & mourir par honneur.

✺✺✺

Ne differe donc plus, le sort en est ietté,
Puis qu'aussi bien tu vois ton esperance vaine,
Qui cherche le trépas, cherche sa liberté,
  Et treuue la fin de sa pêne,
Témoigne ta pitié paressant inhumene,
  Et fais voir qu'en perdant le iour
L'honneur te fait mourir aussi bien que l'amour.

Fin du second acte.

ARGVMENT
DV TROISIESME
A C T E.

OM RODRIGVE ſe reſioüüt auec Dom
Alonſe de la victoire qu'ils ont obtenuë ſur les
Mores ; & lui même en va porter le premier
la nouuelle au Roy. L'Infante dans l'impa-
tience & dans le deſir de faire mourir Chimene pour
ſe faciliter l'amour de Rodrigue, aprend de Leonor ce
qu'elle n'en vouloit pas aprendre , & treuue l'eſprit de
cette confidence dans le repentir d'auoir perſuadé à Chimene la fauſſe nouuelle de la mort de ſon Amant ; &
contre ſes ſentimens , & quelques menaces apparentes
qu'elle lui fait d'en aduertir le Roy; delibere de condui-
re ſes deſſeins à vn dernier but. Rodrigue cependant in-
ſtruit le Roy de la victoire de ſes ennemis ; qui ſe propoſe mille profuſions dans ſon eſprit pour la recompenſe.

de Rodrigue. Chimene croyant son Amant pèrdu, veut recourir aux dernieres extremitez, & dans ce temps méme elle voit Rodrigue ; ce qui la rend si confuse, qu'à pene peut-elle treuuer dequoi faire vn raisonnement : leur ioie est troublée par la nouuelle veritable que leur donne D. Arias de la colere du Roy qui auoit changé les premiers desseins qu'il auoit faits à l'aduantage de Rodrigue, à cause des assurances que Leonor lui auoit données de l'amour de l'Infante ; & pour la crainte dont il estoit preuenu que cette passion aporteroit vn grand desordre dans son estat.

ACTE

ACTE III.

D. RODRIGVE, D. ALONSE, L'INFANTE,
LEONOR, LE ROY, CHIMENE,
ELVIRE, D. ARIAS.

SCENE PREMIERE

D. RODRIGVE, D. ALONSE.

D. RODRIGVE.

ALONSE ta valeur aida bien à
ma gloire,
Il reste à triompher apres cette vi-
ctoire,
Nos ennemis font morts, leurs def-
feins ruinez
Ne les rendront iamais à ma perte obstinez.
Ils n'ont pas eu loisir de faire vne retraite,
Ce renfort a causé leur entiere defaite.

F

Nôtre conduitte ami les dût bien étonner,
Ils ont beu le poison qu'ils nous vouloieat dôner.
Ces barbares contre eux excitoient ces tempestes,
Et depuis peu leurs traits ont tombé sur leurs
    testes.
Deuoient-ils pas songer & preuoir ci deuant
Que leur plus grand espoir se fondoit sur du vent:
Et nous n'auons pas craint qu'ils pussent nous
    surprendre,
Car leurs propres filets n'ont serui qu'à les prêdre.

ALONSE.

Nous n'aprehendons plus, mais apres ces combats
Il faut se reposer, mettons les armes bas :
Il est tant d'étoufrr nôtre premiere plainte,
D'aller treuuer le Roy, de le tirer de crainte,
Et de faire auoüer comme Amant & guerrier
Qu'on vous doit couronner de myrthe & de lau-
    rier,
Quand un sort rigoureux tenoit l'état en butte,
Vous l'auez releué d'une terrible chutte,
Et par vôtre valeur, & par vôtre vertu
Nous auons veu le More à vos pieds abatu.
Mais étonnons le Roy par une ardeur si forte,
Allons rescusciter son esperance morte,
Qu'il benisse le Ciel, qu'il vous traitte en vain-
    queur,

Et qu'apres ce combat il diſſipe ſa peur.
On ne peut pas répondre à des biensfaits ſi rares.

D. RODRIGVE.

Alonſe il eſt bien vrai, i'ai vaincu ces barbares,
I'ai releué l'état, ie raſſure le Roy.
Mais vn autre m'attaque, & triomphe de moy,
I'éuite le combat, & ie treuue des charmes
A receuoir ſes loix, à lui rendre les armes,
A manquer tous les iours, & d'adreſſe, & de
*   cœur,*
Bref à me voir ſoumis aux pieds de mon vain-
*   queur.*

D. ALONSE.

Vous parlez de Chimene aſſurément.

D. RODRIGVE.

C'eſt elle
Qui me fait ſon captif, & qui me rend fidelle,
Et i'ai tant de pléſir dans ma captiuité,
Qu'au prix d'vn bien ſi doux ie hai ma liberté:
Mais ſaluons le Roy, l'Infante, & ma Chi-
*   mene,*
Et nous les tirerons d'vne incroiable péne.

F iij

SCENE
DEVXIESME

L'INFANTE, LEONOR.

L'INFANTE.

MAIS enfin par ton air & par tes mouue-
mens
As-tu bien exprimé mes iustes sentimens?
Croit-elle pas sa mort?

LEONOR.

Que trop, que trop, Madame,
Et i'en ai maintenant mille remords dans l'ame,
Que si le desespoir attaque sa raison,
Qu'elle auance ses iours pour sortir de prison,
Qu'elle coure bien tost à quelque mort cruelle:
Hé, Madame, songez que ie suis criminelle,
Que vous me contraignez dedans cette action,
Pour laquelle mon cœur a de l'auersion,
Qu'auec le repentir ma vie est languissante,
Et que ie fais mourir vne pauure inocente.

L'INFANTE.

O Dieux puis-je soufrir vn semblable entretien!
Quoi tu te repens donc de m'auoir fait du bien?
Ingrate Leonor, parois-tu genereuse
A me rendre à iamés confuse & malheureuse?
Ce qui me releua maintenant me détruit,
Et ce qui m'allegea m'importune & me nuit.

LEONOR.

Ie reconnois des Dieux; le remords de mon crime
M'en doit faire obtenir vn pardon legitime.
Trahir ainsi Chimene, & pour vous contenter!
Causer vn desespoir, qu'on ne peut arrester!
Perdre de la façon vôtre honneur pour vous pléré!
Cônêtre vos douleurs, & vous plaindre & se taire!
Ah! ce que i'en ai fait rend mes esprits confus,
Songez de grace à vous, & ne m'en parlez plus.

L'INFANTE.

Bien loing de prendre part au souci qui me touche,
Tu ne permettras pas que i'en ouure la bouche.
Quelle humeur Leonor vous oblige à changer,
Aimez ses interests, tachez de la vanger.

LEONOR.

Ie fais vôtre profit, & soiez tres-certene,
Que vôtre hôneur m'est plus que celui de Chimene,
Si l'amour donne au vôtre vn vigoureux assaut,
Vous ne sçauriez tôber qu'en tombât de bien haut.
Dans vn rang éminent vous estes éleuée,

Et dans ce même rang on vous a conseruée,
Maintenant ce hon-heur semble vous exciter.
Vous faites des éfors pour vous precipiter,
I'ai flatté pour vn temps vôtre amoureuse flâme,
Par des moiens honteux i'ai soulagé vôtre ame,
Ie voulu consentir à cette trahison,
Comme vous en vn rien i'égarai ma raison,
Cependant.

L'INFANTE.

Ie voi bien qu'il seroit impossible
De toucher desorma is vôtre esprit insensible.

LEONOR.

Non, par d'autres moiens soulagez vôtre mal,
Autrement le succés vous en sera fatal.   Elle s'en va:

L'INFANTE,

Fais ce que tu voudras, dequoi que tu m'acuses,
Sçache que m'on amour me fournira d'excuses:
Peins moi comme vne Helene; & pour bien mieux
Fais vn portrait de moi qui me fasse rougir, (agir,
Entretien bien le Roi'du tourment qui me presse,
Va-le rendre ennemi du beau trait qui me blesse,
Perfide fais d'Vrraque vn impudique objet,
Dy que ie suis infame, & que i'aime vn sujet,
Et raconte par tout que dans ma ialousie
Mille dereglemens troublent ma fantaisie,
Que cette amour me perd, que ie sors de mon rang,
Que mon cœur tout brûlé ne respire que sang,

Qu'à cause que Chimene empesché mon attente,
Son trépas seulement me doit rendre contente.
Et qu'enfin cét Amant a charmé mes esprits,
Mais rien ne peut iamés me porter au mépris,
Ie veux aimer Rodrigue, & malgré ces obstacles,
Poursuivre mes desseins, & faire des miracles.

SCENE
TROISIESME

LE ROY, D. RODRIGVE.
LE ROY.

OVi ma crainte étoit forte, & mes maux re-
doublez,
Ne donoïet point de calme à tous mes sés troublez,
D'abord ie crus ma perte, ou ma honte assurée,
Que ma douleur seroit de plus longue durée.
Enfin par ce raport ie me vis si confus,
Que ie mis tout mon bien à n'en souhaiter plus.
Maintenant que le Ciel permet que ie vous voie,
Que vos faits ont acreu vôtre gloire & ma ioie,
Que vous me rassurez, & que ces inhumains
Ont eu le seul honneur de mourir par vos mains,
Que ne vous doi-ie point, de quel bienfait si rare
Puis-ie vous obliger sans me montrer auare ?

Triompher d'vn parti qui n'auoit combatu,
Releuer ma couronne, & mon sceptre abatu,
Chasser des ennemis qui dans ma propre terre
Me liuroient tous les iours vne mortelle guerre:
Ce sont de ces éfets dont on fait tant de cas,
Et des traits seulement à faire des ingrats.
Pour mon contentement & pour vôtre loüange,
Donnez-moi le recit de ce combat étrange.

D. RODRIGVE.

Sire au commencement nous fumes étonnez,
Tous les chefs des soldats furent abandonnez,
Et ces gens insolens en voiant cette fuitte,
Vserent contre nous d'vne rude poursuitte.
Ils se treuuent puissans dans nôtre extremité,
Ne donnent point de place à la timidité:
Ils nous serrēt de pres, nous forcēt, nous attaignēt,
Les vns sont massacrez, & les autres les craignēt,
Tous sont au desespoir, chacun quitte son rang,
Et pâle, voit rougir la terre de son sang,
Mais la nuit par bon-heur auecque ses tenebres
Finit leur entreprise, & nos plaintes funebres.
Depuis cette retraitte, & pour nous & pour eux,
L'ardeur fut presque égale, & le combat douteux,
Mais apres le renfort aussi tôt qu'ils nous virent
Leur sang se refroidit, leurs visages palirent.
Sçachant que ie deuois combatre pour vn Roy,
A ce seul nom de Cid ils tremblerent d'éfroi:

Leurs

Leurs mains dans ce cõbàt furent preſque imobiles,
Et nous firent treuuer des ſuccez trop faciles,
Ie m'attaque à leur chef, i'en vins bien toſt à bout
Bref Sire on perdit tout pource qu'on craignoit tout.
Il combatit long-temps pour la troupe ennemie,
Tacha de reuèiller leur fureur endormie.
Et par ſes aſtions & ſouuant par ſes cris
Excita contre nous ces timides eſprits.
Il ſuccomba pourtant, et ce rare courage
Treuue noſtre valeur plus forte que ſa rage.
Et ſe ſentant bleſſé fit enfin ces eforts
A parler aux viuans en regardant les morts.

Eſtrange arreſt dés deſtinées!
Les Princes meurent comme vous,
Le ſort eſt implacable à tous
Chacun vôit finir ſes années
Nos iours ſont filez d'vn fuſeau,
Ceux dés ſimples ſuiets & des puiſſans Monarques
Sont entrepris de mémes Parques
Et coupez d'vn méme ciſeau.

Et cependant on nous fait croire
Pour éblouïr pluſtoſt nos yeux
Que les Rois reſſemblent aux Dieux.
Et qu'ils en ont beaucoup de gloire
Mais quoy nous ſerions tous egaus.

G

Les Dieux seroient mortels, ils n'auroient plus
   d'hommages,
     Si la mort abat les images,
     Elle en veut aux originaux.

Là ses iours sont finis aussi bien que sa gloire,
Et sa mort commença nostre insigne victoire.

LE ROY.

Ie plains son accident, i'estime sa vertu
I'ay des compassions pour vn Sceptre abatu,
Mais i'ay plus de raison de porter quelque enuie
Aux nobles actions qui signalent ta vie.
Va treuuer ta Chimene & sur tout souuiens toi
Que c'est faire beaucoup que d'obliger vn Roy.

Il s'en va.

D. RODRIGVE

O Ciel ie l'aperçoi dans vn visage blesme,
Elle n'est plus à moy n'estant plus à soy même.

SCENE QVATRIESME.

CHIMENE D. RODRIGVE ELVIRE.

CHIMENE.

TV recherches ma perte en me voulant
guerir,
Tu rengreges mes maux penfant me
fecourir.
Eluire au nom des Dieux contente mon enuie
Soufre qu'vn defefpoir triomphe de ma vie,
Que i'oblige le fort à finir fa rigueur,
Et que i'arme mes mains contre mon propre cœur.

D. RODRIGVE.

Dieux elle veut mourir!

CHIMENE

Tout me liure la guerre,
I'ai perdu mon Amant, & mon Pere eft en terre.

G iij

Puis que Rodrigue est mort le iour m'est odieux,
Pour m'approcher de luy i'abandonne ces lieux.
Il faut bien que des morts i'augmente ici le nombre,
Et ie veux imoler mon corps à sa belle ombre.
Ce guérrier redoutable & ce parfait Amant
Malgré tous ses apas gist dans vn monument;
Ce miracle parfait d'amour & de nature
Est auiourd'huy couché dedans la sepulture,
Bref ie veux obeir aus arrests de mon sort,
Ie veux finir mes iours puisque Rodrigue est mort.

RODRIGVE.

Madame.

ELVIRE.

Iustes Dieux quelle estrange merueille!
Quoy vous n'estes pas mort? ce peut-il que ie veille.
Ses sens sont interdits; ô Ciel qu'elle rigueur
Vne foiblesse attaque & ses yeux et son cœur.

D. RODRIGVE.

Mais pourquoy surprens-tu mon esprit de la sorte,
Eluire ie suis mort si ma Chimene est morte.
Ah! Madame.

CHIMENE.

Ah! Rodrigue estoit-ce pas assez
De vous crere tantost au rang des trepassez?

Sachez que mon trespas n'est point mis en balence,
Que des-ja la douleur m'impose le silence,
Et qu'vn ressentiment de vôtre propre mort
Acheuera mes iours par vn dernier effort.
En souspirant si tard vôtre perte visible
Ie suis lente il est vray, mais non pas insensible.
Ie m'en vais contenter vôtre premier dessein
Car i'ay dedans les mains dequoy m'ouurir le sein,
Ie vous suiurai la bas, & malgré ces lieux sombres
Le feu qui nous bruloit eclerera nos ombres:
Nos esprits s'vniront dans cét afreux seiour
Ou nos embrassemens feront naistre l'amour.
Là nous verrons finir cette mortelle guerre
Que le sang & l'honneur nous liuroient sur la terre:
Les astres cesseront de nous verser du fiel,
Et l'enfer nous sera bien plus doux que le Ciel.
Mes sens sont egarez, moy méme ie m'abuse
Que mes sens sont troublez! que mon ame est con-
          fuse!
Rodrigue n'est pas mort; pour croitre mon ennui
I'ay parlé de ma flamme, & sur tout deuant luy.
Qu'esperai-ie bons Dieux dans cét estrange orage?
Ie ne verrai iamais le port ni le naufrage,
I'ay tantost dans l'amour etabli mon bon heur,
Maintenant cette amour combat auec l'honneur,
Par tout egalement ie me vol poursuiuie,
I'ay crû Rodrigue mort, & ie le treuue en vie.

Au moment qu'vn hymnen nous deuoit ſeçoùrir
J'ai veu mon pere mort dont i'ai penſé mourir,
Ie courois à la mort , ie ſens qu'elle me quitte,
Et ie croiois perdu ce qui me reſcucite.

D. RODRIGVE.

Une fourbe a cauſé de veritables pleurs,
J'en d'eteſte la feinte & ie plains vos douleurs.
Ie ne penetre pas au fonds de ces penſees
Qui rendroient à la fin nos ames inſenſees;
Cette choſe m'étonne & m'afflige beaucoup,
Ne voiant pas le bras qui me porte le coup.
O Dieux.

CHIMENE.

Ah! cher Amant nôtre pérte eſt certaine;
On en veut à Rodrigue auſſi bien qu'à Chimene,
Mais Rodrigue pourtant dans ce triſte malheur,
Eſt vn obiet d'amour, & i'en ſuis vn d'horreur.
L'Infante aſſurement fit naitre cette feinte,
Tous ſès ſens ſont emeus, & ſon ame eſt ateinte;
Mais dedans ſon amour & dedans ſon couroux
N'oubliez pas du moins que Chimene eſt à vous.

D. RODRIGVE.

Madame il eſt tout vray, ie ſerois inſenſible
Si i'allois condanner vne amour ſi viſible.

Si ie la meritois ie serois trop heureux,
Mon sort en cét etat seroit moins rigoureux.
Mais i'acuse le Ciel, & tout ce qui mirrite,
Est de voir vos beautez & mon peu de merite.
Cet œil que vous voyez a veu cent regions,
Ce bras que vous voiez force des legions,
Par tout mes ennemis sont reduits a l'extreme
Et ie n'ai point appris à me vaincre moi méme.
Connessant vos vertus ie connois mes defaus,
Et ce que vous valez, & le peu que ie vaus.
I'ai medité cent fois au bien que ie desire,
Ie l'ai plus estimé, qu'on ne fait vn Empire,
Et ie n'ay iamais crû qu'il fut en mon pouuoir
D'entendre vos soupirs & de les receuoir.
Il faut le confesser, i'ay fait tout mon possible
Pour me rendre agreable ou du tout insensible,
I'ai vaulu conseruer & banir mon amour,
I'ai souhaitté la vie & la perte du iour,
I'ai fait mille desseins dans l'espoir de vous plaire
Et i'en deffais autant de crainte du contraire.
Mais Madame auiourd'huy ie connois mon bon-
    heur,
Et ie voi tout confus l'excez d'vn tel honneur.
Mon brazier m'est si cher que tout le monde en-
    semble
Et les plus grands thresors n'ont rien qui luy res-
    semble,

Et ma captiuité me rend plus glorieux
Que si ie me voiois dans le thrône des Dieux.

CHIMENE·

Dans cette affection ie rougis qu' vn Alcide
Pres d'vn si foible obiet se soit rendu timide,
Ie ne rougirois pas si quelque autre beauté,
Engageoit vôtre esprit & vôtre liberté.
On aime seulement ce qui n'est rien qu'aimable
Et l'on doit adorer ce qu'on treuue adorable
Mais moi qui n'us iamais vn eclat assez vif,
Ni pour charmer les yeux, ni pour faire vn captif,
Ie crains que vôtre cœur à la fin soit de glace,
Et qu'vn autre bien tost occupe cette place.
O Dieux! s'il estoit vrai de combien de propos
Irois-ie importuner vostre plus doux repos,
A combien d'accidens reduiriez vous ma vie,
Et de quel desespoir seroit elle suiuie?
Quand vn bien m'est aquis i'aime à le conseruer,
Et quand il est perdu ie crains de me sauuer.
I'aprehende L'Infante.

D. RODRIGVE·

Esperez mieux Madame
Vos yeux & vos bontez entretiennent ma flame.
I'ai plus suiet de craindre.

SCENE

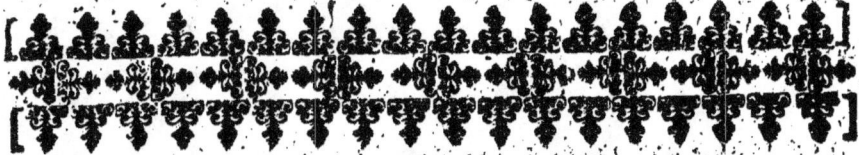

SCENE CINQIESME.

D. ARIAS, D. RODRIGVE, GHIMENE.

D. ARIAS.

Ah! craignez pour iamais!
Le Roy tout en courroux vous attend au Palais,
Qui iure que ses maux n'auront point d'allegeance,
Qu'il ne soit satisfait d'vne entiere vengeance.

D. RODRIGVE.

Allons y de ce pas ; le Roy veut se vanger,
D'où vient cét accident ? qui l'oblige à changer ?

CHIMENE.

I'aimerois plus ma ioye estant plus moderee,
La plus grande fortune est la moins asseurée ;
Dans vn si grand bon-heur ie crains de sucomber,
Ce qui monte plus haut est plus prest à tomber.

FIN DV TROISIEME ACTE.

H

ARGVMENT
DV QVATRIESME
ACTE.

E Roy dans le raport de Leonor se desespere, & ne croit pas treuuer de consolation ni de remede dans vn mal qu'il iuge incurable. Leonor augmente sa crainte & sa furie, lors qu'elle luy raconte qu'elle a fait tout son possible pour detourner l'Infante d'vne afection si honteuse & qui preiudicioit si fort à l'état. Il en fait des reproches à D. Rodrigue, qui s'excusant d'vne fausseté si apparente, par le commandement du Roy fait des protestations d'amour à l'Infante. Celle-cy ne croiant pas qu'il y eût lieu de soupçon dans cette afaire, respond à ses ciuilitez, & à ses complimens, & comme elle auoit beaucoup d'amour, elle en témoigna beaucoup aussi. Le Roy pour les toucher de pitié donne dans ce ressentiment le Sceptre à Rodrigue, & la Couronne à l'Infante, mais en fin Rodrigue est mené prisonnier sans aucun respect, & sans consideration des seruices qu'il auoit rendus. D. Diegue, & Chimene le voiant sans liberté, demandent celle de le voir en prison, & de decouurir la verité. Ce que le Roy leur accorda, mais dans la resolution pourtant de ne rien espargner pour le chastiment de sa faute.

ACTE IV.

LE ROY, LEONOR, D. RO-
DRIGVE, L'INFANTE, D. DIE-
GVE, CHIMENE, D. SANCHE.

SCENE PREMIERE.

LE ROY. à Leonor.

Permets au nom des Dieux que mon
    ame soupire,
Ie dois cherir l'Infante au dessus de
    l'Empire :
Mais l'ingratte trahit mon plus doux sentiment,
Et d'vn de mes suiets elle fait son Amant,
Ne conseille plus rien à mon ame abatuë
Rodrigue veut ma perte & ma fille me tuë.
Cette aueugle obscurcit l'éclat de mon bon-heur,
Et me priuant de vie, elle s'oste l'honneur.

H ij

Ah ! c'eſt trop conſulter ie t'apelle à mon aide,
Car ſi ie doi guerir la mort eſt mon remede.
En penſant m'obliger tu ne m'obliges pas,
Tu deſires ma vie & ie veus le trepas,
Et ſi ton cœur le craint pource qu'il t'eſt contrere,
Ie le veus rechercher comme vn mal neceſſere.
L'Infante fait ſa perte, elle m'oſte le iour,
Et ma honte commence auecque ſon amour !
Dieux qui m'auez, rendu toutes choſes proſperes,
Si vous aimez les Rois, aimez vous leurs miſeres ?
Eſt-ce tout le ſecours que vous m'auiez promis ?
Eſtes vous donc mes Dieux ou bien mes ennemis ?
Ai-ie briẑé l'Autel ? ai-ie deſtruit vn Temple ?
Le moindre de mes faits eſt-il pas vn exemple ?
Vous ai-ie pas connu pour des Dieux tout puiſſans ?
Vous ai-ie quelquefois refuſé des encens ?
Non, non, mes actions vous ont forcé de croire
Que ie n'ay rien commis qui choque voſtre gloire.
Cependant mes reſpects ſont payez de meſpris,
Ie veux ſeruir les Dieux & i'en ſuis entrepris,
Vne fille s'opoſe à l'éclal de mes armes
Et c'eſt mon propre ſang qui fait naiſtre mes lar-
    mes.
Penſer épouuentable ! ah pere malheureux !
Le ſort en ton endroit paroiſt bien rigoureux.
Ce qui cauſa la paix vient me liurer la guerre,
Et ce qui m'a remis me combat & m'atterre.

Mais dy moy Leonor; croi-tu que la raison,
Qui condanne son mal fasse sa guerison?

LEONOR.

Sire, c'est y chercher des resons inutiles,
On n'y sçauroit treuuer des remede faciles.
Le mal qu'elle entretient choque son iugement,
Mais elles y veut chercher quelque soulagement.
L'Infante n'estant pas d'humeur à se contraindre,
Vous pourroit bien donner des suiets de vous plain-
 dre.
Rodrigue aime Chimene, il n'a point d'autre obiet,
Mais lors qu'vne Princesse entreprend vn suiet,
Que l'honneur & le sang n'empeschent point sa
 flamme,
Et que le desespoir fait des loix à son ame,
Qu'elle voit la raison sans vouloir l'ecouter;
Ah! Sire, vn feu semblable est bien à redouter.
I'ai fait ce que i'ai pû pour l'y rendre insensible,
Mais i'ai veu qu'à la fin ie tentois l'impossible,
Et i'ay crû qu'il estoit de ma condition
De vous donner aduis de cette affection.
Elle a cherché Rodrigue, & Rodrigue la veuë,
Peut estre que leur ame a paru toute nuë,
Que Rodrigue a suiui ses laches sentimens,
Et qu'il a pû respondre à tous ses mouuemens.

LE ROY.

Ie le croi Leonor; cecy me met en peine,
Mon Sceptre est aussi beau que les yeux de Chimene
Dans cette obeissance il a du iugement,
Ma Couronne vaut bien qu'on fasse vn change-
    ment.
Nagueres luy parlant d'vne telle entreprise
Son esprit fut troublé, son ame fut surprise,
Et traittant froidement de cetre passion,
Il s'excusa d'abord sur sa condition.
Apres tout, Leonor, son credit m'épouuante,
Pour iouir de mon Sceptre il peut aimer l'Infante.
Mais malgré sa valeur: ô Dieux ie l'apercoi,
Aprenons s'il poursuit & s'il veut estre Roy.

SCENE DEVXSIESME.

LE ROY D. RODRIGVE.

LE ROY.

V auez vous donc songé qui puisse me
  destruire?
Vous occupereZ-vous dauantage à me
  nuire?
Descendrai-ie apresent pour vous faire monter?
Enfin vostre dessein ne peut il s'arrester?
D'où vient que vostre humeur abandonne Chime-
  ne,
ses yeux vous font ils peur? vous est elle inhumene?
L'Infante est plus facile & pour vn grand guer-
  rier,
Ma Couronne en vaut bien vn autre de laurier.
Considerez pourtant que ce point m'est sensible
Et que i'ai tousiours crû qu'il estoit impossible,
On ne sçauroit donner et receuoir des loix,

Et pour porter vn Sceptre il ne faut point deux Roys.
Vostre ioye en cecy seroit mal asseurée,
Vn Etat qu'on diuise est de peu de durée;
Et Fernand à la fin d'vn absolu pouuoir
Voudroit vne autrefois le perdre ou le rauoir.
Il est vray, ie sçay bien qu'on vous dût recognestre
Apres ces beaux exploits que vous fites parestre;
Mais Rodrigue songez.

D. RODRIGVE.

Que vostre Maiesté
N'imprime point de tache à ma fidelité!
Autrefois mon secours vous sembla necessaire,
Mais Sire ie faisois ce que ie deuois faire.
Rodrigue a seulement depuis qu'il voit le iour
Du respest pour l'Infante & non pas de l'amour.

LE ROY.

Pour sçauoir ce mistere & pour rauir mon ame
Descouurez à l'Infante vne amoureuses flame.
Parlez luy de souspirs, cherchez des compli-
mens,
Mettez vous en secret au rang de ses amans,
Dites luy maintenant que vous brulez pour elle.
Que vous estes suiet, mais vn suiet fidelle:
Ie me tire à l'escart : elle vient à propos.

D. RODRIGVE.

D. RODRIGVE.

Sire la, verité vous va mettre en repos.

SCENE
TROISIESME.

D. RODRIGVE L'INFANTE LE ROY,

D. RODRIGVE.

Eautez pour qui mon ame a de l'idolatrie,
Et pour qui seulement i'ay sauué ma patrie,
I'abandonne Chimene auec iuste raison,
Apreuuez mon amour par cette trahison,
Et publiez tout haut qu'il faut que ie vous aime;
Puis qu'en la trahissant ie me trahis moy-mesme.
O Dieux! que vos attraits ont de pouuoir sur nous,
Que vos yeux en tous temps ont de funestes coups!
Qu'il on a de lacheté quand on s'en veut defendre!
Et que dans ce combat il est doux de se rendre!
On se pert doucement auprès de vos apas,
Et quand on y resiste on ne les connoist pas:

I

Ie confidere affez le Sceptre & la Couronne,
Ce que vous poffedez ce que le Ciel vous donne,
Ie remarque vos biens, vos threfors, vos pays.
Dont l'infigne grandeur tient mes fens ebais ;
Mais ie cheris en vous malgré cette auanture
Bien moins les dons du fort que les dons de na-
    ture.

Ie peche toutefois ; ce brazier eternel
Me fait voir temeraire, & me rend criminel ;
Mais ie brufle pourtant, & cette flame eft telle,
Qu'en depit de la mort ie la iuge immortelle :
Vôtre bon naturel & vos perfections
Ont fçeu trop bien flatter mes inclinations.
Dans cette vanité moy méme ie m'acufe,
Auffi dans ce peché ie ne veux point d'excufe,
Ma vie & mon trepas me feront des ialoux,
Pourueu que l'vn des deux ne vienne que de vous.

L'INFANTE.

Quoy vous me croyez donc fi contraire à moy-
    méme,
Que de caufer la mort aux perfonnes que i'aime?
Faictes en grand guerrier vn autre iugement,
Ie viens chercher ici quelque foulagement.
Le Ciel nous traittera tous deux de mefme forte,
Si vous croiez mourir, ie me croy defia morte :

Ie vous aime ; bien loin de vous diſſimuler,
Vous aprendrez encor que ie me ſens bruler.
Le Roy, les Elemens, la longueur des années,
Les ſiecles à venir, toutes les deſtinees.
La chutte de l'Eſtat, & la perte du iour,
N ont rien encore en eux qui changent cette amour.
I'ay bani comme vous le reſpect & la crainte,
Et l'honneur ne tient plus mon eſprit en contrainte.

LE ROY. dit cecy bas.

Voicy le pire coup que ie recoi du Ciel,
O Dieux mon triſte cœur ne vit rien que de fiel!
La perfide à ces mots me met dans vn martyre
Que ie ne ſens que trop, mais que ie noſe dire.
Ma ioye en cét eſtat depend du monument
Car ie voy que la mort eſt mon moindre tourment.

SCENE QVATRIESME.

LE ROY, D. RODRIGVE, L'INFANTE

LE ROY.

Estes-vous bien contents ? toutefois i'a-
    prehende
Que vous n'estimiez pas ma ruine
    assez grande :
Mais si vous conseruez vn reste de raison
Condannez vous au moins pour cette trahison.
L'amour qui vous ioignoit estoit il point capable
De rendre en mon endroit vôtre esprit si coupable ?
Enfin vous me direz que vos feus insolens
En deuoient alumer d'autres plus violens,
Et que tout mõ Royaume aussi bien que vostre ame
Me deuoit faire voir la grandeur de sa flame.
Puis que ie ne suis plus aux termes de flatter,
Et que vous le voulez, il faut vous contenter.
Prens ce Sceptre perfide ; & toi cette Couronne
Ce qu'on me veut oster enfin ie vous le donne.

Il dõne le
Sceptre à
Rodrigue,
& la Cou-
ronne à
l'Infante.

on Sceptre, ma Couronne, & mon throsne, &
mon bien,

fin tout est à vous ie ne possede rien.

n'ay plus que ce cœur tirés le à coups d'épée,

st là que vôtre main deuroit estre occupée.

rcez, percez ce corps, & me faites mourir

is que c'est par ma mort que vous croiez guerir.

heuez contre moy le feu qui vous deuore

us verrez la dedans ce qui vous aime encore,

vous plaindrez vn iour vn pere genereux,

i voudroit que le ciel vous fût moins rigoureux.

D. RODRIGVE.

Sceptre est trop pessant s'il faut qu'on le soutienne

oisissez vne main plus forte que la mienne,

urois mauuaise grace à vous le demander;

i ne sçait point seruir ne doit point commander.

ais Sire dans ces ieux il semble qu'on me braue,

Ce m'ofrez vous ceci que pour me rendre esclaue?

ourquoy me traitte-t'on d'vn semblable mépris?

ans ces confusions ie me treuue surpris,

oiez vous ou ma honte ou ma mort necessere?

Il met le
Sceptre au
pieds du
Roy.

LE ROY.

el souuent cherche vn bien qui treuue le contraire,

hacun propose assez pour son contentement,

Mais le Ciel qui voit tout en dispose autrement.

Ses arrests ne sont pas de nôtre intelligence,
Nos plus grands mouuemens, & nôtre diligence
Nos vœux & nos desirs, qui semblent si secrets,
Bref rien ne peut changer ses souuerains decrets.
Vos desseins sont rompus, vôtre esperance est mor
Conduisez desormais vôtre esprit d'autre sorte

L'INFANTE.

Dans ce premier abord que i'ay d'estonnement!
Dieux que doi-ie penser d'vn tel euenement.
Ie vous rends la Couronne, & vous me voy
       preste,
De la mettre à vos pieds, plustost que sur ma teste
Et de quelque bon-heur qu'on oblige mes iours,
Si vous ne les aimez, i'en borneray le cours.

LE ROY.

Tu viens croistre mon mal lors que tu me consoles
Tes noires actions dementent tes paroles:
Voy-ie pas a mes yeux ce qu'on ne peut nier?
Qu'on saisisse Rodrigue & qu'il soit prisonnier,

D. RODRIGVE.

Ou prend
Rodrigue.

Le grand nombre à la fin me pourroit bien con
      traindre,
Sçachez que tout captif ie suis encor à craindre

Ah! vous m'auez surpris, ma captiuité
Fait maintenant ma rage & vostre seureté
C'est en vain resister, leur perte est impossible,
Ie me treuue impuissant & non pas insensible,
Mon courage en ces lieux a tort de m'acuser,
Auiourd'huy i'ay des mains & ie n'en puis vser.
Pour moy chaque combat estoit vne victoire,
Chaque champ de bataille estoit vn champ de gloire
Rien ne m'estoit contraire, & quantité de Rois,
Ont senti mon pouuoir & flechi sous mes loix:
La fortune auiourd'huy me tourne le visage,
Et mon cœur & mes bras ont perdu leur vsage.
Destins qui gouuernez nos esprits & nos corps
Que pour nôtre mal-heur vous auez des ressors!
Tantost pour mes suiets ie n'auois que des Princes
I'auois surpris des forts plus grands que des Pro-
        uinces,
Maintenant ie n'ay rien, & ie suis à ce point
Que le plus miserable a ce que ie n'ai point.
Acheuez Dieux ingrats, que i'épreuue le reste,
Ay-ie encore à sertir quelque trait plus funeste?
Auez vous d'autres lieux à me precipiter?
Monstrez vôtre courroux ie ne puis l'euiter.
Le dessein de mourir ma tantost fait resoudre,
A ne craindre plus rien, à rire de la foudre.
A mépriser vos coups, à deffier vos mains
Dõt vous semblez tousiours menasser les humains.

Bref a vous faire voir pour vn tourment ſi rude
Que vous deuez rougir de voſtre ingratitude,
Que des Dieux comme vous ſont des Dieux im-
     puiſſans,
Et qu'auſſi-bien que nous vous eſtes languiſſans.
On verra dans l'Eſtat des flames bien plus viues,
Auſſitoſt que mes mains ne ſeront plus oiſiues;
Ma fureur quelque iour rabatra ces efforts,
Ie ne veux que ce bras pour briſer tout ce corps.
Mais Fernand fait ſon mal dans ce mal-heur ex-
     tréme,
Et me penſant punir il ſe punit ſoy-meſme,
Il ruine l'Eſtat de l'vn à l'autre bout,
Car n'ayant plus Rodrigue il n'a plus rien du tout.
Mon eſprit le ſuiura quoy qu'il veuille entrepren-
     dre,
Qu'il entre dans l'Enfer ie ſuis preſt d'y deſcendre,
Où qu'il cherche à la fin le lieu le plus ſecret,
Ie veux en me voiant qu'il meure de regret.

SCENE

SCENE CINQVIESME.

LE ROY, D. DIEGVE, CHIMENE.

LE ROY.

E feu deuoit paſſer ; mais dites moy Madame,
Verra-ton point paſſer voſtre indiſcrete flame ?
Qu'auez-vous entrepris ?

D. DIEGVE, voiant mener Rodrigue en priſon.

Quel ſenſible tourment,
Dieux on traine mon fils,

CHIMENE.

On traine mon Amant.

K

D. DIEGVE.

Sire, qu'à fait Rodrigue ? auez vous point enuie,
Qu'aujourdhuy le perdant ie perde auſſi la vie ?
Nagueres quel guerrier a finy nos mal-heurs ?
Quelles puiſſantes mains ont eſſuié nos pleurs !
Qui releua l'Eſtat d'vne ſi lourde chutte
Au point que le mal-heur nous tenoit tous en butte ?
Qui vous preſta le bras quand vous crutes tomber
Et qui nous obligea tous preſts de ſuccomber ?

CHIMENE.

Ah ! Sire c'eſt Rodrigue.

D. DIEGVE.

O victoire fatale !
Qui peut vous eſtablir vne paix generale ?
Qui vous peut maintenir contre tant d'eſtrangers ?
Et qui peut deſormais vous ſauuer des dangers ?
Qui peut dans le mal-heur vous ſeruir de retraitte ?
Qui peut rendre à iamais voſtre gloire parfaite ?
Qui combatit le More ? & qui par tant d'efforts
Fit pour noſtre ſalut tant de monceaux de morts.

CHIMENE,

Ah ! Sire c'eſt Rodrigue.

LE ROY.

Un tel cœur m'épouuente ?
Rodrigue peut beaucoup pouuant tout sur l'Infan-
te.
I'admire ses exploits, i'estime sa valeur,
Puis qu'elle ma tiré d'vn visible mal-heur
Chimene, comme vous ie connois son courage,
La mort de vostre pere en est vn témoignage,
Vous l'en loüez ma fille, & vous auez raison,
Car vos ressentimens se font voir en saison.
Vous l'auez estimé, vous l'estimez encore,
Depuis qu'il à vaincu, vostre pere & le More.
Il a tué le Comte, il mourut pour l'honneur,
C'est pourquoy vous deuez procurer son bon-heur.
Mais parlons sainement, qui peut aimer ma fille,
Afin de commander à toute la Castille ?
Dom Diegue, C'est Rodrigue; & par ce traict d'a-
mour
Qui peut se rendre indigne & des Dieux & du iour ?
C'est Rodrigue Chimene. Il est vray ie l'aduoüe
Rodrigue est genereux, tout le monde le loüe,
Mais suborner l'Infante, vsurper sur ses sens
Vn pouuoir tyranique; & des droits si puissans,
Pratiquer cent moyens, s'assurer de retraittes
Pour rendre insolemment ses flammes plus secre-
tes.

C'eſt relaſcher vn peu de ſa fidelité,
Et prendre à mon aduis beaucoup d'authorité.

D. DIEGVE,

Peut eſtre qu'vn raport.

LE ROY.

I'en dois croire ma veuë,
Son ame à ſon aſpect ſe fit voir toute emeuë.
Leonor le ſçait bien.

D. DIEGVE

Sire pour le ſçauoir
Permettez moy du moins le bon-heur de le voir,
En ce cas ſon mal-heur n'aura point de refuge,
Et ie ſeray dés l'heure & ſon pere & ſon iuge:

CHIMENE.

Sire puis que mon ame à la méme ferueur:
Pourai-ie pas iouyr de la méme faueur?

LE ROY.

Voyez-le ie le veux; mais Dom Diegue et Chi
mene,
Ne l'exenteront pas de ſa perte prochaine.

Il dit cecy bas.

SCENE
SIX SIESME.

CHIMENE seule.

EN qui doi-ie esperer ? crerai-ie à ces
    discours ?
Et puis-ie honnestement demander du
    secours ?
Il ny faut pas songer ; au mal qui me possede
La mort est le plus seur & le plus doux remede.
Rodrigue est en prison ; mon mal est infini,
Pour auoir si bien fait doit il estre puni ?
Le Roy dans son mal-heur le prit pour sa defense
Et maintenant sa haine en est la recompense.
O Ciel que doi-ie faire en cette extremité !

SCENE SEPTIESME.

D. SANCHE CHIMENE.

D. SANCHE.

Adame pàrdonnez à ma temerité,
Ie vous treuue touſiours dans des ter-
mes de plainte,
Vous rencontrez par tout des matieres
de craintes
On treuue auecque vous les plus cuiſans malheurs,
Vous pouſſez des ſoupirs, vous repèndez des pleurs,
Vous n'aimez que les lieux ou regnent les tenebres
Pour vous entretenir de penſers plus funebres.
Pour croiſtre voſtre ennui vous mépriſez le iour,
Et vous le haiſſez autant que mon amour.

CHIMENE.

Ah! c'eſt vn beau moin de conſoler mon ame,
Que de m'entretenir de l'excez de ta flame,
Adieu, ni ſonge plus, car c'eſt trop y reſuer.

D. SANCHE.

Elle doit à la fin me perdre ou me ſauuer.

FIN DV QVATRIESME ACTE.

ARGVMENT
DV CINQVIESME
ACTE.

Himene vifite D. Rodrigue en prifon, & le
confole dans l'affurance qu'elle luy donne de
fon amour. D. Arias le fait fortir, & luy raconte comme le Peuple animé par fa captiuité, auoit
penfé fe fouleuer, & luy dit encore que la verité, s'e-
ftoit découuerte pour l'inclination de l'Infante, &
qu'il eft eftimé innocent. D. Sanche amoureux tou-
fiours de Chimene, eft rencontré par l'Infante qui
luy promet de toucher l'efprit de Chimene, & de luy
remontrer qu'elle doit faire vn obiet d'horreur de
Rodrigue, qui auoit caufé fa premiere perte. l'Infante
l'aborde mais en vain, & elle ne treuue pas auec cette ame refoluë ce qu'elle s'eftoit propofé auparauant.
Pour luy faire haïr Rodrigue, elle l'aborde auec beaucoup de ciuilitez, & auec des proteftations d'amour
nompareilles. Rodrigue confiderant fa condition &
fa naiffance luy repond affez honneftement: ce qui
luy donne aduantage d'en aduertir Chimene, qui

commençant à soupçonner l'infidelité de son Amãt,
semble se porter à toutes les extremitez. Elle est ap-
paisee neantmoins par ses paroles , & la verité dé-
trompe ses sens. D. Sanche rencontrant Chimene
auec Rodrigue la veut suiure, mais il se treuue seul
auec Rodrigue, non content d'auoir éprouué si souuent sa bonté & son courage, il l'attaque & en est de-
sarmé l'Infante les treuuant en cet estat, ayant apris
que Rodrigue disputoit encore Chimine sort dans le
dessein de la tuer; mais elle la treuue auec le Roy qui
empesche cette resolution; & qui fait enfin le mariage de Chimene & de Rodrigue.

ACTE

ACTE V.

D. RODRIGVE, CHIMENE,
D. ARIAS, L'INFANTE,
D. SANCHE.

SCENE PREMIERE.

D. RODRIGVE, CHIMENE,

D. RODRIGVE, en prison.

AH qu'on rend ton ame contente!
Qu'on te procure de plaisirs!
Et que tes plus iustes desirs
Sont suiuis d'vne douce attente!
Rodrigue, tu sauues le Roy,
Tes fais font preuue de ta foy,
Et malgré ta valeur que tout le monde vante
Tes traits ont tombé dessus toy.

L

CHIMENE.

Ah! qu'on rend mon ame contente,
Qu'on me procure de plaifirs,
Et que mes plus iuftes defirs,
Sont fuiuis d'vne douce attente!
Rodrigue tu fauues le Roy,
Tes fais font preuue de ta foy;
Et mal-gré ta valeur que tout le monde vante,
Ces traits tomberont deffus mòy.

D. RODRIGVE.

Que le fort a peu d'affeurance!
Que mon deftin eft rigoureux;
Le Roy me veut voir mal-heureux,
En voyant ma perfeuerance:
Il m'accufe de lacheté,
Mais dedans cette extremité,
Sache au moins que la mort finit mon efperance,
Et non pas ma fidelite!

CHIMENE.

Que le fort a peu d'affeurance
Que le deftin m'eft rigoureux;
Le Roy nous veut voir mal-heureux,
Voyant noftre perfeuerance.

Il m'accuſe de lacheté
Mais dedans cette extremité,
Sache au moins que la mort finit noſtre eſperance,
Et non pas ma fidelité

D. RODRIGVE,

Que ſa rage ſoit aſſouuie,
Qu'il tache d'éteindre mes feux ;
Mais malgré ſes iniuſtes vœux
Ie puis conſeruer mon enuie ;
Ma foy ſurmonte ſa rigueur,
Chimene eſt mon obiet vainqueur,
Par ſa loy tyrannique il peut m'oſter la vie,
Mais non pas ton portrait du cœur.

CHIMENE.

Que ſa rage ſoit aſſouuie,
Qu'il tache d'éteindre nos feux,
Mais malgré ſes iniuſtes vœux
Ie dois conſeruer mon enuie.
Ma foy ſurmonte ſa rigueur,
Rodrigue eſt mon obiet vainqueur,
Ie ſçay bien comme toy qu'on peut m'oſter la vie
Mais non pas ton portrait du cœur.

L ij

D. RODRIGVE.

Qu'on me iuge digne de blâme
Dans l'excez de ma paßion,
I'auray la même affection
Et le même obiet de ma flamme.
Apres tous nos ennemis morts,
Apres de ſi nobles eſſors,
Le Roy me fait captif, mais ſache que mon ame,
Eſt plus captiue que mon corps.

CHIMENE.

Qu'on me iuge digne de blâme
Dans l'excez de ma paßion,
I'auray la même affection
Et le même obiet de ma flamme :
Apres tous nos ennemis morts,
Apres de ſi nobles efforts,
Le Roy te fait captif, mais ſache que mon ame
Eſt plus captiue que ton corps.

SCENE
DEVXIESME.

D. ARIAS, D. RODRIGVE, CHIMENE

D. ARIAS.

L eft temps detoufer cès vains fuiets de
     plaintes,
Rapellez vos plafirs & baniffez vos
    craintes.
C'eft eftre trop long-temps dans la captiuité,
Iouïffez pleinement de vôtre liberté.
Vos mal-heurs ont trainé toute vne populace
Qui vient par fes clameurs d'obtenir voftre grace,

D. RODRIGVE.

Cette grace Arias, eft pour les criminels,
Et ie meriterois des tourmens eternels,
Si la moindre action m'auoit rendu coupable,
Qui peche contre vn Roy doit mourir miferable,
Mais dy quelle maxime ou bien quelle autre loy
Pût ainfi m'attirer la difgrace du Roy?
Ah! les Roys Arias, ont d'étranges maximes
Qui font fouuent treuuer leurs pechez legitimes.

Cecy les authorise & dedans leurs erreurs
Tous leurs ressentimens sont détranges fureurs.
Pour regner surémént il semble necessere
De se faire ainsi craindre & d'estre sanguinere
De batir sur du sang vn foible potentat
Et d'estre vicieux par maxime d'estat
Peut-estre qu'irrité du credit de mon pere
Il a craint pour nous deux quelque sort plus pros-
  pere.
M'ayant veu triompher de tous mes ennemis
Il a crû trebucher du thrône ou ie l'ay mis
Et m'enuiant la gloire ou tu m'as veu parestre
Il a consideré ce que ie pouuois estre,
Qu'à la fin mes exploits causeroient mon orgueil,
Et que ie luy ferois de son thrône vn cercueil.
Mais suis-ie criminel pource qu'il me soupçonne?
Pour aimer tant l'honeur en veus-ie à sa Couronne?
Luy mesme s'ofensa de mon humilité,
Et i'ay pris sans dessein l'apas qu'il m'a ietté.

D. ARIAS.

Le Roy dans le regret d'vne action si pronte,
Vient d'embrasser Dom Diegue & cõfesser sa honte
Et naguerès l'Infante a fait voir clerement
Qu'vn faux raport causa vôtre emprisonnement,
Il crût vn peu trop tost, son ame fut deceuë
L'oreille le troubla de méme que la veuë.

Le mal qu'il vous à fait c'est lui qui le reffent
En vn mot il vous aime, & vous treuue inocent.

D. RODRIGVE.

Tu fçais bien que le temps de noftre mariage
Eft tantôt expiré.

CHIMENE.

N'en dis pas dauantage.

D. RODRIGVE.

Le Roy de tous cotez doit me donner la paix
Autrement la prifon m'eft autant qu'vn Palais.
A quelle extremité reduiroit il mon ame
S'il empefchoit l'effet d'vne fi iufte flamme?
Et que luy feruira de m'aller éblouïr
D'vn trefor precieux, fi ie n'en puis iouïr?
C'eft de vous que dépend cette fortune éxtréme
Madame mõ amour vous demande à vous méme.
Ne refiftez plus tant c'eft affez combatu,
Vos pleurs & vos ennuis preuuent vôtre vertu.
En ce point feulement vous m'eftes fecourable
Et par là ie rencontre vn deftin fauorable,
I'ay furmonté le More & tous nos ennemis,
Ils poffedoient nos biens, ie les en ai demis,
Tout eftoit en defordre, & foufrez que ie die,
Que feul i'ay mis la fin à cette Tragedie.

Que i'ai ſauué le peuple, & l'Eſtat & le Roy,
Mais que vous en auez plus de gloire que moy.
Le deſir de vous plere auoit cét auantage
Que luy ſeul aux combats échaufoit mon courage,
Releuoit mon eſpoir & mon cœur en tous lieux
Et portoit la fureur iuſque dedans mes yeux,
Au moindre ſouuenir de ma gloire future
Ma force tout d'vn coup ſurpaſſoit ma nature,
I'afrontois les hazards, ie braupis le trepas,
Bref vous vainquites tout ou vous ne futes pas.
Car ſans le ſeul eſpoir de poſſeder vos charmes
I'uſſe expiré cent fois au milieu des alarmes,
Et bien loin de chercher des moyens de guerir
I'uſſe voulu moy méme en chercher pour mourir.

CHIMENE

Il eſt vray que le Roy preſcriuit vne annee
Pour mon dueil legitime, & pour noſtre Hymenée,
Ce temps eſt bien paſſé mais non pas ma douleur,
Laiſſez-moy plus long-temps ſoupirer ce mal-heur.
Vous ſcauez mon amour, chacun la doit coñetre,
Ie n'ay pû m'empeſcher de la faire parêtre,
Mais ſoufrez que le ſang.

D. RODRIGVE.

N'acheue pas mon cœur,
Fais que l'eſpoir ſuccede à ma premiere peur,

Apres que les ennuis ont fait palir tes roses,
Qu'ils ont fait sur ton corps tant de metamor-
    phoses,
Que ton ame a senti de si vlues douleurs,
Et qu'enfin tes beaux yeux ont versé tant de
    pleurs,
On ne peut desormais t'estimer insensible,
Aiant fait contre moi ce qui te fut possible.
Dans ce ressentiment tu demandas ma mort,
Ta colere irrita la rigueur de mon sort,
Tu voulus mon trépas, dans l'honneur de te plére,
Ie t'obligai moi-mesme à le rendre exemplére,
Et lors que ta pitié me sembla secourir,
Ie fis dessein de vlure, & ne crus pas mourir.
Mais dans l'état present c'est de ta seule enuie
Que dépend mon trépas, ou ma gloire, ou ma vie,
Enfin ta resistance, ou bien vn pront secours
Doit arrester mes maux, ou prolonger leur cours.

CHIMENE.

Ie ne te laisse point de matiere de craindre,
Mais tu doy confesser que mon mal est à plaindre,
Que l'honneur & le sang me contraignent d'agir
Contre vn feu qui me brule, & qui me fait rougir,
Et que pour dire tout la loi de la nature
Condannent mon esprit dedans cette auanture,

M

Mais malgré ces respects ta passion me plaist,
Et i'entretiens mon vœu tout iniuste qu'il est.

D. RODRIGVE.

C'est dedans ces plesirs que mon ame se noie,
Mais tache d'augmenter, & ma gloire, & ma
    ioie.
Puis que tu veux flatter mes desirs amoureux,
Et que tu me cheris, rend moi donc plus heu-
    reux.
Banis de ton esprit tout ce qui m'importune,
Et ne recule plus à ma bonne fortune.

CHIMENE.

Je n'y mettrai iamais aucun empeschement,
Ton interest me touche assez sensiblement.
Mais soufre pour le moins.

D. RODRIGVE.

          Adorable Chimene,
Pour empescher ma mort tu dois finir ma pene.
Fais parestre auiourd'huy ta promesse & ta foy.

CHIMENE.

En tout cas ie dépends des volontez du Roy.

D. RODRIGVE.

Je vais le saluër dessus cette assurance,
Ce que i'aprehendois se tourne en esperance. bas.

***

SCENE
TROISIESME

L'INFANTE, D. SANCHE

L'INFANTE.

TOVS mes soins desormais sont pour finir
    les tiens,
Il faudra s'il ce peut la mettre en tes liens,
Faire agréer l'Hymen, & sur tout la contrain-
    dre
D'apreuuer ce brasier, que tu ne peus éteindre.
Cependant continuë ; & par ces mouuemens
Fais-toi iour si tu peux à tes contentemens,
Sois certain que tes vœux ne seront pas friuoles,
Si Chimene est d'humeur à crère à mes paroles.

Ie parlerai de toi si bien & si souuant,
Qu'elle t'estimera quelque bucher viuant.

D. SANCHE.

Pourrois-ie bien, Madame, en cette attente haute,
Esperer le repos de celle qui me l'oste !
Poursuiure auec ardeur la chose qui me nuit !
Et tirer mon bon-heur de ce qui le détruit ?
Deurois-je aussi Madame, en cette amour ex-
     trême,
Parler si librement de la beauté que i'aime ?
En ceci mon esprit vous est-il point suspect ?
Que direz-vous enfin de mon peu de respect ?
Pour rendre mon amour, & ma gloire euidente,
Ce qui fut ma Princesse est donc ma confidente ?
Madame pardonnez a cette liberté,
Ie n'abuserai pas d'vne telle bonté.
Au contraire bien loin d'en tirer auantage,
En vous obeissant, ie manque de courage :
Ie suis de ces faueurs vn trop indigne objet,
Ie vous treuue Princesse, & ie me voi sujet,
Ma bassesse paroist prés de vôtre merite,
Vôtre naissance est grande, & la mienne est pe-
     tites,
Et le pis en ceci, m'obligeant desormais,
Vous faites vn ingrat à force de biensfaits.

Entre ces mouuemens ie me sens tout confondre,
Ie n'oserois me taire,& ie ne puis répondre.

L'INFANTE.

Adieu, songe à Chimène, & sur tout soutiens-
toi,
Que ie trauaillerai de même que pour moi.

SCENE
QVATRIESME

L'INFANTE seule.

SANS doute son amour doit seruir à la mien-
ne
Il faut que ie l'augmente, & que ie l'entre-
tienne,
Que ie treuue la fin des maux que i'ai soufers,
Que ie me fasse libre en détachant ses fers,
Et que malgré le Roy, qui condanne ma vie,
Ie meure desormais dans ma premiere enuie.

Mes pleurs l'ont amoli, mes soupirs l'ont touché,
Il croit en m'acusant auoir fait vn peché,
Et de peur d'obscurcir nôtre parfaite gloire,
Il veut mal à ses sens, il blâme sa memoire,
Et dans le repentir d'vn pareil iugement,
Il me traitte depuis plus amoureusement.
Tout arriue à propos, voici venir Chimene.
Rendra-t'elle toûiours mon esperance vaine?

SCENE CINQVIESME.

L'INFANTE, CHIMENE.

L'INFANTE.

ENFIN le Ciel vous aime auec vn tel excez,
Que vos plus grands desirs ne sont pas sans suc-
cez.

CHIMENE.

I'ai toûiours souhaité que l'état fut durable,

Que le fort à nos maux se montrât secourable,
Que le Ciel a iamés vous comblât de plêsirs,
Et qu'il me donnât lieu de faire vos desirs.

L'INFANTE

Puis que vous le voulez, il faut que je l'essaie,
Et vous me rauirez si la réponse est vraie.
Vous deuez donc ma fille en cette ocasion
Témoigner vos vertus & vôtre afection.
Songez-y bien sur tout, Rodrigue vous honore,
Vous sçauez d'autre part que Sanche vous a-
    dore:
L'vn tua vôtre pere, & l'autre vous vanga,
L'vn fit naître vos pleurs, l'autre vous soulaga.
Ce n'est pas le moien de finir sa misere,
Que d'épouser ainsi le boureau de son pere:
Il vous faut par raison guerir de cét erreur,
Et d'vn objet d'amour faire vn objet d'horreur.
Qui peut authoriser la noirceur de ce crime?
Et qui fera treuuer cette amour legitime?
Est-ce bien proceder que fonder son bon-heur?
Et chercher son repos au dépens de l'honneur?
Etoufez cette ardeur, & cette iniuste enuie,
Et tenez vôtre honneur plus cher que vôtre vie,
Malgré ces mouuemens i'aime ce qui vous
    plaist.

Mais soufrez qu'en ceci i'aime vôtre interes,
Rodrigue a des apas, vous en faites du conte,
Mais faisant vôtre bien vous faites vôtre ho
Et vous donnez suiet à la posterité
D'accuser iustement vostre infidelité.

CHIMENE.

Madame la raison qui condannoit ma flâme
A perdu tout l'efet qu'elle auoit sur mon ame
Conneßant mon amour, vous sçauez que ie de
Conseruer mon honneur en conseruant ma fo
Et même par le Roy ie me vis obligée
De garder cette ardeur où i'estois engagée.

L'INFANTE

Ici Rodri-
gue paroit,
& l'Infante
fait retirer
Chimene
pour lui
faire enten-
tre ce qui
suit.

Tu penses que Rodrigue estime ta vertu,
Mais voi les mouuemens dont il est combatu.

SCEN

SCENE
SIXIESME.

L'INFANTE, D. RODRIGVE.

L'INFANTE.

Depuis les complimens dont vous m'auez traittée,
L'amour me fuit par tout ; i'en fuis perfecutée,
Et quoy que la raifon s'opofe à tous mes vœux,
L'hŏneur & le refpect n'étoufent point mes feux,
Et i'ai voulu banir ces noms de ma memoire,
Comme les principaux ennemis de ma gloire.
I'ai refifté long temps, mais enfin i'ai conclu
De vous voir fur mes fens vn pouuoir abfolu,
Et qu'en vain deformais ie me voulois contraindre
Pour celuy que la terre a tant fujet de craindre.

D. RODRIGVE.

Madame cét honneur m'oblige infiniment,
Vous fçaurez à la fin que ie fuis digne Amant.

N

L'INFANTE, en fortant dit ceci
bas à Chimene,

Vous voiez aprés tout que Rodrigue est fidelle,
Et qu'il faut conferuer vne flâme si belle.

SCENE
SEPTIESME.

CHIMENE, D. RODRIGVE.

CHIMENE

VOUS sçaurez à la fin que ie suis digne A-
mant,
C'est comme il faut finir ou flatter mon tourment.
Pourfuivez Dom Rodrigue, & caressez l'Jn-
fante,
La couronne pour vous est vne douce attente.
Dites lui deuant moi pour son contentement,
Vous sçaurez à la fin que ie suis digne Amant.

Ah! Rodrigue infidelle, où sont ces assurances?
Que doiuent deuenir toutes mes esperances?
A quel point le destin ne met-il aujourd'hui,
Et que faut-il tenter pour croitre mon ennui?
Mon esperance est morte aussi bien que mon pere,
Ie pretends vôtre amour, & l'Infante l'espere,
Et puis vous me direz dans mon étonnement,
Vous sçaurez à la fin que ie suis digne Amant.
Enfin donc ie deuois par cette ingratitude
Tirer du repentir de mon inquietude,
Et iuger sainement vous voiant en prison,
Que vous estiez puni pour vne trahison.
Vsez bien du bon-heur que le Ciel vous presente,
Abandonnez Chimene, & reuerez l'Infante.
Dites-lui de noueau pour son soulagement,
Vous sçaurez à la fin que ie suis digne Amant.
Et pour tout acheuer que l'on die en Castille
Que vous fites mourir, & le pere, & la fille,
Que l'vn receut vos coups, & l'autre vôtre cœur,
Mais qu'à la fin chacun sentit vôtre rigueur.
Croiez que vôtre bras n'aura pas cette gloire,
Et ie dois enuier vne telle victoire :
Vous verrez que l'honneur n'éteignit pas mes
        feus,
Mais que ie sçai mourir alors que ie te veus.

D. RODRIGVE.

Ne me condannez pas pour vn si long silence,
Et n'vsez pas sur vous de cette violence.
Vous n'auez pas sujet de vous mettre en couroux,
Ce que ie lui disois. ie l'entendois de vous:
Le Ciel en est témoing, & mon cœur le coniure,
Si ce discours n'est vrai de vanger cette iniure,
Ie ne le puis nier; i'ay dit subtilement,
Vous sçaurez à la fin que ie suis digne Amant.
Mais c'est de vous, Madame, & non pas de l'In-
     fante,
Vous estes mon desir, & ma dérniere attente,
Et si vous resisté à cette verité,
Mon trépas doit aprendre à la posterité.

GHIMENE.

C'est dessus vos sermens que i'établis mon aise,
Et ce qui m'afligoit maintenant me rapaise,
De même qu'vn seul mot suffit à me guerir,
Aussi n'en faut-il qu'vn pour me faire mourir.
Ie pense qu'en ceci mon bon-heur est extrême.
Et ie croi tout de vous, pource que ie vous aime.
La crainte maintenant me mettoit au cercueil,
Et l'espoir maintenant vient de changer mon
     dueil.

Entre deux mouuemens & d'espoir,& de crainte,
Ie pousse des soupirs, & ie finis ma plainte.
L'vn me met aux enfers,& l'autre dans le Ciel,
L'vn m'ofre des douceurs, l'autre m'ofre du fiel :
Ces deux gênent mes sens,& combatent mon ame,
L'vn nourit mon brasier , & l'autre éteint ma
　　flâme,
Et dedans ces combats d'esperance & de peur,
Le sort me fait touiours l'obiet de sa rigueur.

D. RODRIGVE.

Peut-estre qu'en ce iour finirons-nous ces pênes,
Et que nous sentirons de plus aimables chai-
　　nes.
Le Roy dans le regret de ma captiuité,
Veut me donner Chimene auec ma liberté:
Raui d'vne fortune & si douce & si belle,
I'en ai voulu premier aporter la nouuelle,
Et coniurer ton cœur de ne differer pas
Ce moment qui peut seul differer mon trépas.

CHIMENE.

La volonté du Roy m'est vne grande amorce:

D. RODRIGVE.

Pour me plêre sur tout n'obeïs pas par force.

CHIMENE.

Voici venir Dom Sanche, adieu pour vn moment.

D. RODRIGVE.

Vous sçaurez à la fin que ie suis digne Amant.

SCENE
HVICTIESME.

D. SANCHE, D. RODRIGVE.

D. SANCHE.

O Ciel ie voi qu'enfin ma passion l'irrite,
Auec cette beauté l'esperance me quitte.
Ie la suy vainement; ses iniustes mépris
Laissent le desespoir à mes foibles espris:
Tout est perdu pour moi, sa haine est découuerte,
Et ne la voyant plus ie ne voi que ma perte.
Mais la suiure pourquoi! c'est suiure mon mal-
heur,

eſt coûrir au poignard qui me perce le cœur,
eſt chercher le poiſon qui vient croitre ma pene,
prier le boureau qui me donne la gêne.
ins ces triſtes penſers où me voi-ie reduit!
ime ce qui me hait, ie ſuy ce qui me fuit,
dore l'ennemi qui n'en veut qu'à ma vie,
lui ſuis en horreur, & i'en fais mon enuie.
iourd'hui mon mal-heur eſt-il pas ſans égal,
ie fais mon plèſir de ce qui fait mon mal?
toy puiſſant guerrier, Rodrigue redoutables,
ui connois ma conſtance, & mon ſort lamen-
table:

oiant mon deſeſpoir, ne ſois pas étonnés,
ie diſpute encor ce que tu m'as donné!

D. Sanche
met ici
la main à
l'épée.

la mort eſt plus honneſte & beaucoup plus hu-
maine,
n venant de ta main que des yeux de Chimene.
punis, acheuant ma vie & mes trauaux,
es plus grands ennemis, & tes plus grands ri-
uaux.

D. RODRIGVE.

uoi n'eſt-ce pas aſſez? Dom Sanche eſt-il poſ-
ſible
u'à ce dernier bienfait on vous treuue inſenſible?
our la ſeconde fois vous me voiez vainqueur.

D. Rodri-
gue deſar-
me D. San-
che.

D. SANCHE.

Auoir si peu d'adresse auecque tant de cœur,
O Dieux qu'à de malheurs ma fortune est sou-
  mise !
Que ie reüssi bien dedans chaque entreprise !

SCENE NEVFIESME.

L'INFANTE, D. SANCHE, D. RODRIGVE.

L'INFANTE.

QVE songez-vous Rodrigue.

D. SANCHE.

    Il n'en faut plus douter,
Chimene & ce guerrier sont bien à redouter.
L'vn a le bras puissant, l'autre a d'étranges char-
  mes,
Et tous deux ont toujours d'ineuitables armes.

      D. RO-

D. RODRIGVE.

Il m'eſtoit bien aiſé de lui donner la loy,
Car l'honneur & l'amour ont combatu pour moi,
Chimene m'animoit.

L'INFANTE.

     Quoi ie ſuis mépriſée!
Et ie ſuis à Rodrigue vn objet de riſée?
Ah! ces deſſeins pour toi ſont tous pernicieux,
Ta chimene auiourd'hui doit perir à mes yeux.
Pour vanger cét afront ie veux eſtre cruelle,
Et rendre par ſa mort ta douleur immortelle.
L'immoler à ma haine, & dans cette rigueur
Luy percer de ma main, & lui tirer le cœur.
I'y vole de ce pas; mais Chimene s'aduance,
Dóm Diegue la conduit, & le Roy la deuance.

SCENE DERNIERE.

LE ROY, D. RODRIGVE, L'INFANTE,

D. SANCHE, D. DIEGVE, CHIMENE,

LE ROY.

Rodrigue finiſſez, vôtre ſort rigoureux,
Ce iour acheuera vos deſſeins amoureux.

       O

Poursuiuez, grand Heros, vôtre insigne victoire
Commence mes plêsirs, commençant vôtre gloire.
Nôtre guerre est finie, & l'astre du mal-heur,
Ne sçait plus irriter vôtre extréme valeur.

D. RODRIGVE.

N'atendez pas de moy quelque longue harangue.
Mais sçachez, que ce bras fait bien mieux que ma
   langue,
Et que tous mes desseins butteront desormais
A vous faire iouir d'vne eternelle paix.

L'INFANTE.

Ce changement doit-il apaiser ma colère,   *Elle dit ceci bas.*
Que puis-ie plus tenter, Chimene est son salère.

D. SANCHE.

Hé Madame nos maux auront leur guerison
Par le temps, par la mort, ou bien par la raison,

LE ROY, dit ceci à Chimene.

Qui ma fille, Il est temps d'acheuer la iournée,
Par vne telle ioie, & par vôtre Hymenée,
Triomphez de vos maux, & que ce grand vain-
   queur
Ait aujourd'hui l'honneur de gaigner vôtre cœur.

A ses feux violens n'oposez plus de glace,
Et ne differez plus à lui rendre la place.

D. DIEGVE.

Cette gloire est la fin de son ambition,
Et Madame, la doit à son afection.

CHIMENE.

Mais, Sire, permettez.

LE ROY.

      Ce que ie vous conseille
Doit charmer vôtre esprit, & flatter vôtre veille,
La loi que ie vous donne est une douce loi,
Considerez Rodrigue, & le temps, & le Roy.

D. SANCHE.

Cette possession étoufe mon attente,

L'INFANTE.

Il faut donc apres tout que mon cœur se côtente.

CHIMENE.

Que vôtre Majesté considere pourtant.

LE ROY.

Non paroissez constante, ou Rodrigue est constãt,

Finiſſez vos ennuis, ne verſez plus de larmes,
Que le ſort contre vous n'ait deſormais plus d'ar-
mes. *Il dit ceci à Rodrigue.*
Ie ſçai bien ce qu'on doit à vos nobles trauaux,
Auſſi pourai-je en peu recompenſer vos maux.

D. RORIGVE.

Grand Roy tous mes trauaux ont eu leur recom-
penſe,
Et ſi i'en demandois ie ferois vne ofenſe.
Tous les biens deſormais me feront ſuperflus,
Car apres celui-ci ie n'en demande plus.
Madame vos bontez m'oſtent des mains des Par-
ques,
Et me font plus heureux que les plus grands Mo-
narques,
Ie meritois ſans doute vn ſort moins glorieux,
Je m'eſtimois par tout indigne de vos yeux.
Helas! vôtre pitié dans vn ſi grand orage
Me preſente le port où i'ai cru mon naufrage,
Vous en eſtes loüable, & c'eſt reſſuſciter
Que de donner la vie alors qu'on peut l'oſter.

Fin de la ſuitte & du Mariage
du Cid.